Exerçons-nous

Grammaire

350 exercices Niveau débutant

J. Bady, I. Greaves, A. Petetin
Professeurs aux Cours de Civilisation
française de la Sorbonne

NOUVELLE ÉDITION

Français langue étrangère
58, rue Jean-Bleuzen, 92170 VANVES

SOMMAIRE

La phrase simple

Chapitre 1 La structure de la phrase. Les verbes *être* et *avoir* 4
Chapitre 2 Les articles 8
Chapitre 3 Les noms 13
Chapitre 4 Les adjectifs 17
Chapitre 5 Le présent de l'indicatif 23
Chapitre 6 Verbes et expressions suivis de l'infinitif 32
Chapitre 7 Les adjectifs et les pronoms démonstratifs 35
Chapitre 8 Les adjectifs et les pronoms possessifs 38
Chapitre 9 Les adverbes 42
Chapitre 10 L'interrogation et l'exclamation 44
Chapitre 11 La négation 52
Chapitre 12 Les indéfinis, pronoms et adjectifs 57
Chapitre 13 Le futur de l'indicatif 66
Chapitre 14 L'impératif 71
Chapitre 15 L'imparfait de l'indicatif 73
Chapitre 16 Le passé composé de l'indicatif 79
Chapitre 17 Les compléments d'objet direct et indirect 88
Chapitre 18 Les verbes pronominaux 92
Chapitre 19 Les pronoms personnels 95
Chapitre 20 Les participes (présent et passé) 106
Chapitre 21 Le plus-que-parfait de l'indicatif 109
Chapitre 22 Les prépositions 111
Chapitre 23 Les comparaisons 117

La phrase complexe

Chapitre 24 L'enchaînement de deux phrases simples 121
Chapitre 25 Les pronoms relatifs 123
Chapitre 26 Le conditionnel et la condition 131
Chapitre 27 Les propositions complétives à l'indicatif et au subjonctif 136
Chapitre 28 L'expression de la cause, du temps, du but, de l'opposition et de la conséquence 145
Chapitre 29 Le style indirect 154
Chapitre 30 La forme passive 158

- Les numéros d'exercices en noir sur fond gris clair signalent les exercices de révision.
- La contraction des prépositions « **à** » et « **de** » avec l'article défini doit être faite par l'étudiant.

Exemple : La visite (de) ... musée → La visite **du** musée. / L'enfant a mal (à) ... → L'enfant a mal **au** cœur.

Dessin : Gilles Vuillemard.
Maquette de couverture : Version Originale.
Maquette et mise en pages : Joseph Dorly Éditions.
ISBN : 2 011550564

Introduction

Cette nouvelle édition de *350 exercices de grammaire* destinés aux débutants ou faux débutants, leur permettra d'y trouver la même approche de la langue française que dans la précédente édition, mais dans des exercices largement refondus, renouvelés et diversifiés.

Procédant toujours de façon très progressive et systématique, nous nous sommes attachées à ce que l'étudiant, travaillant seul ou dans une classe de français langue étrangère, puisse avancer en allant du plus simple au plus complexe. Des exemples précis illustrent de façon implicite la règle à appliquer, et les applications pratiques sont tirées de la langue courante d'aujourd'hui. Des exercices de révision en cours de chapitre ponctuent la progression et donnent la possibilité de faire le point à chaque étape. Il s'y ajoute en fin de chapitre des textes ou des entraînements créatifs qui sont l'occasion de vérifier les connaissances acquises.

Notre démarche, d'apparence traditionnelle, ne déroutera personne. Les différents aspects de la langue et ses principales difficultés sont envisagés l'un après l'autre (articles, noms, adjectifs, verbes...). Amené de la phrase simple à la phrase complexe, l'étudiant acquerra pas à pas et sur des bases solides les structures correctes du français, et évitera ainsi les erreurs classiques du débutant. Nous insistons en particulier, pour en avoir expérimenté le besoin dans nos classes, sur la structure de la phrase, la diversité des compléments, les pronoms et l'apprentissage des temps principaux des verbes.

Le vocabulaire, choisi dans le domaine de la vie quotidienne et dont la fréquence d'utilisation a été contrôlée, s'enrichit et se développe assez vite. L'étudiant pourra mémoriser de façon sûre ce vocabulaire volontairement réutilisé tout au long du livre.

L'enseignant, lui, puisera dans cet ouvrage, au fur et à mesure de ses cours, une matière précieuse d'applications tout de suite disponibles et vérifiées expérimentalement.

Les auteurs

1

La structure de la phrase
Les verbes *être* et *avoir*

SOMMAIRE

1	Verbe ***être***.
2	*C'est, il (elle) est.*
3	RÉVISION.
4	Verbe ***avoir***.
5	*Il y a, c'est, ce sont, il (elle) est, ils (elles) sont.*
6-7-8	RÉVISION.

1

A/ Écrire le verbe *être* au présent :

1. Moi, je (*être*) blond.
2. Toi, tu (*être*) brun.
3. Lui, il (*être*) malade.
4. Elle, elle (*être*) fatiguée.
5. Nous, nous (*être*) anglais.
6. Vous, vous (*être*) français.
7. Eux, ils (*être*) petits.
8. Elles, elles (*être*) grandes.
9. Antonio et moi, nous (*être*) espagnols.
10. Pedro et Gloria, vous (*être*) brésiliens.

B/ Mettre les phrases à la forme négative :

Moi, je (être) blond ; toi, tu (être) brun.
→ *Moi, je **ne** suis **pas** blond ; toi,tu **n'**es **pas** brun.*

2

A/ Mettre *c'* ou *il (elle)* devant le verbe *être* :

... est un musicien. ... est excellent. → ***C'****est* ***un*** *musicien.* ***Il*** *est excellent.*

1. **...** est un journaliste. **...** est italien.
2. **...** est une hôtesse. **...** est jolie.
3. **...** est un médecin. **...** est connu.
4. **...** est un étudiant. **...** est intelligent.
5. **...** est un écrivain. **...** est célèbre.
6. **...** est une avocate. **...** est américaine.

B/ Faire deux phrases comme le modèle :

un ordinateur – utile. → *C'est* ***un*** *ordinateur.* ***Il*** *est utile.*

1. un téléphone – pratique.
2. une voiture – rapide.
3. une cuisine – moderne.
4. une chaise – solide.
5. un manteau – rouge.
6. un lit – confortable.

3 Regarder le verbe et trouver le sujet du verbe :

1. **...** es assis. **...** êtes debout.
2. **...** sommes à Paris. **...** n'êtes pas en France.
3. **...** est un garçon. **...** est blond.
4. **...** es une amie charmante. **...** sommes ensemble.
5. **...** sont des étudiants. **...** sont en vacances.
6. **...** suis à table. **...** est avec moi.
7. **...** sont chauffeurs de taxi. **...** sont vendeuses.
8. **...** est un autobus. **...** est dans la rue.
9. **...** es à l'heure. **...** est cinq heures.
10. **...** sont des pains. **...** sont dans la boulangerie.

4 Écrire le verbe *avoir* au présent :

1. Je (*avoir*) une voiture.
2. Elle (*avoir*) des lunettes.
3. Il (*avoir*) une moto.
4. Vous (*avoir*) les yeux bleus.
5. Tu (*avoir*) un chat.
6. Dans le jardin, il y (*avoir*) une piscine.
7. Nous (*avoir*) un jardin.
8. Ils (*avoir*) une grande maison.
9. Monsieur et Madame Dubois (*avoir*) deux enfants.
10. En France, on (*avoir*) un Président de la République.

5

A/ Mettre *il y a*, *c'est* ou *ce sont* :

un chien à la porte – Milou. → ***Il y a*** *un chien à la porte.* ***C'est*** *Milou.*

1. un homme à la fenêtre – M. Martin.
2. des clients dans le magasin – des touristes.
3. des arbres dans le jardin – des sapins.
4. trois tasses sur la table – des tasses à café.
5. une lettre dans la boîte – une lettre de Pierre.

B/ Mettre *il y a*, *il (elle) est*, *ils (elles) sont* :

1. **...** des exercices dans le livre. **...** difficiles.
2. **...** une clé sur la table. **...** à Odile.

3. **...** des chaussures sous le lit. **...** à David.
4. **...** des livres sur le bureau. **...** intéressants.
5. **...** un musée dans la ville. **...** grand.

6

A/ Regarder le verbe et trouver le sujet du verbe :

1. **...** ai une montre.
2. **...** as un beau bébé.
3. **...** y a des plantes sur le balcon.
4. **...** a un stylo.
5. **...** avez des amis.
6. **...** avons le temps.

B/ Choisir la fin de la phrase :

1. Nous
2. Nicolas et Paul
3. Dans la rue, il y
4. Vous
5. On

- ont un studio.
- a des autobus.
- avez les yeux noirs.
- a un rendez-vous.
- avons des idées.

C/ Écrire le premier verbe à la forme affirmative et le deuxième verbe à la forme négative :

Tu : avoir l'air malade, avoir l'air en forme.
→ *Tu* ***as*** *l'air malade, tu* ***n'as pas*** *l'air en forme.*

1. *Tu :* avoir chaud, avoir froid.
2. *Je :* avoir faim, avoir soif.
3. *Il :* avoir peur, avoir sommeil.
4. *Ils :* avoir mal aux dents, avoir mal à la tête.
5. *Vous :* avoir besoin de vitamines, avoir envie de fruits.

7

A/ Écrire au présent :

1. Je ne (*être*) pas jeune. Je (*avoir*) soixante-dix ans.
2. Tu ne (*être*) pas vieux. Tu (*avoir*) vingt ans.
3. C'(*être*) un adolescent. Il (*avoir*) quinze ans.
4. Elle (*être*) âgée. Elle (*avoir*) soixante-quinze ans.
5. Nous (*être*) des enfants. Nous (*avoir*) des parents.
6. Vous (*être*) des parents. Vous (*avoir*) des enfants.
7. Ils (*être*) professeurs. Ils (*avoir*) des élèves.
8. Elles (*être*) secrétaires. Elles (*avoir*) des ordinateurs.
9. Moi, je (*être*) pianiste. Je (*avoir*) un piano.
10. Eux, ils (*être*) riches. Ils (*avoir*) un bateau.

B/ Retrouver la structure de la phrase et accorder le verbe :

Être – nous – bruns.
Avoir – les cheveux bruns – nous.
→ ***Nous sommes bruns. Nous avons les cheveux bruns.***

1. musicienne – la jeune fille – être.
   elle – un violon – avoir.
2. blond – être – tu.
   tu – les cheveux blonds – avoir.
3. ils – être – forts.
   ils – de la force – avoir.
4. vous – chanteur – être.
   une belle voix – vous – avoir.
5. mince – elle – être.
   avoir – elle – vingt ans.
6. marié – être – je.
   je – une femme – avoir.

8

A/ Compléter les phrases par un sujet ou un verbe :

1. Aurélie **...** étudiante. **...** est française.
2. Elle **...** blonde. Elle **...** les yeux verts.
3. Elle **...** deux frères. Ils **...** à Paris.
4. Ils **...** un grand appartement. **...** est confortable.
5. Les parents d'Aurélie **...** commerçants.
6. Ils **...** un magasin de vêtements.
7. Ils **...** beaucoup de clients. Ils **...** riches.
8. Le magasin **...** dans le cinquième arrondissement.
9. Dans la boutique, **...** deux vendeuses. **...** sont jeunes.
10. **...** des prix intéressants. **...** est une bonne boutique.

B/ Choisir le verbe *être* ou *avoir* :

Il ... informaticien. Il ... un ordinateur.
→ ***Il est** informaticien. Il **a** un ordinateur.*

1. Je **...** une flûte. Je **...** flûtiste.
2. Elle **...** médecin. Elle **...** des malades.
3. Tu **...** un taxi. Tu **...** chauffeur de taxi.
4. Ils **...** boulangers. Ils **...** une boulangerie.
5. Boris **...** étranger. Il **...** un visa.

C/ Choisir *être* ou *avoir* et faire des phrases :

Tu – jeune – vingt ans.
→ *Tu **es** jeune, tu **as** vingt ans.*

1. Les enfants – à table – faim.
2. Vous – en Alaska – froid.
3. Natacha – malade – mal à la gorge.
4. Les touristes – en Grèce – chaud.
5. Le chien – sous le lit – peur.

2

Les articles

SOMMAIRE

1	Les articles indéfinis : *un, une, des.*
2	Les articles définis : *le, la, l', les.*
3-4	Les articles définis contractés : *au, aux, du, des.*
5	RÉVISION.
6	Emploi des articles définis et indéfinis
7	Les articles partitifs : *du, de la, de l', des.*
8	L'article zéro. Expressions de quantité.
9	Article et préposition. Expressions indéfinies.
10-11	RÉVISION.

1

Mettre l'article indéfini *un*, *une* ou *des* :

1. C'est ... garçon, c'est ... fille.
2. C'est ... voiture, c'est ... train.
3. Ce sont ... exercices, ce sont ... phrases.
4. C'est ... médecin ; il travaille dans ... hôpital.
5. Voici ... lettre, ... journal et ... publicités.
6. C'est ... musicienne ; elle travaille dans ... orchestre.
7. Sur le balcon, il y a ... plantes et ... cage avec ... oiseau.
8. Dans le village, il y a ... église, ... château et ... jardins.
9. Dans ... magasin, il y a ... vendeur et ... clients.
10. Au café, il y a ... étudiants et ... touristes.

2

A/ Mettre l'article défini *le*, *la* ou *les* :

1. ... télévision est dans ... salon.
2. ... fleurs sont dans ... vase.
3. ... réveil est sur ... table.
4. ... thé est dans ... tasse.
5. ... oiseaux sont dans ... arbres.
6. ... lettre est dans ... boîte.

B/ Mettre *le*, *la*, *les* ou l'article défini élidé *l'* :

1. ... autobus et ... voitures sont dans ... avenue.
2. ... étudiant et ... professeur sont à ... université.
3. À Paris, ... printemps est frais et ... été est chaud.
4. ... hôtel et ... hôpital sont dans ... rue principale.
5. En France, ... hiver est froid, ... automne est doux.

⚠ Il n'y a pas d'article élidé (**l'**) devant les mots : **les h**alles, **la h**auteur, **le h**aut, **le h**éros, **la H**ollande, **le h**omard, **le h**ors d'œuvre, etc.

C/ Mettre l'article défini qui convient :

À Paris, ... matin, dans ... rue, ... gens sont pressés. ... hommes achètent ... journal et regardent ... articles de ... première page. ... enfants vont à ... école. Ils montent dans ... autobus ou entrent dans ... métro. ... commerçants ouvrent ... boutiques, c'est ... heure de faire ... courses. ... voitures roulent vite, ... ville est active, ... journée commence.

3

A/ Mettre l'article défini contracté *au* ou *aux* :

Eric est ... téléphone. Il téléphone ... enfants.
→ *Eric est **au** téléphone. Il téléphone **aux** enfants.*

1. L'appartement est ... premier étage.
2. C'est un sandwich ... jambon.
3. Elle fait un poulet rôti ... herbes.
4. ... printemps, les oiseaux chantent.
5. Nous sommes ... concert.
6. Ils vont ... musée et ... restaurant.
7. Il n'a pas mal ... oreilles.
8. À l'hôtel, le garage est ... sous-sol.
9. Elle mange une tarte ... fraises.
10. C'est une omelette ... champignons.

B/ Mettre l'article défini contracté *du* ou *des* :

Voici la clé ... studio et les clés ... appartements.
→ *Voici la clé **du** studio et les clés **des** appartements.*

1. C'est la vitrine ... magasin.
2. Voici les dates ... vacances.
3. La couleur ... ciel est belle.
4. Le départ ... train est à midi.
5. C'est la photo ... président.
6. Voilà les passeports ... touristes.
7. Les jouets ... enfants sont dans l'armoire.
8. C'est la coupe ... monde de football.
9. Les visites ... musées sont intéressantes.
10. L'avenue ... Champs-Élysées est célèbre.

4 Mettre l'article défini ou l'article défini contracté :

A/

à	***de***
Il est ... café.	C'est la chambre ... enfant.
Il est ... gare.	C'est la chambre ... parents.
Il est ... école.	C'est la chambre ... grand-père.
Il est ... sports d'hiver.	C'est la chambre ... jeune fille.

B/ 1. La fontaine est (*à*) ... milieu (*de*) ... place.
2. La pharmacie est (*à*) ... coin (*de*) ... rue.
3. Les toilettes sont (*à*) ... bout (*de*) ... couloir.
4. Le président est (*à*) ... étranger.
5. (*à*) ... fin (*de*) ... livre, le héros est seul.
6. (*à*) ... début (*de*) ... film, la musique est belle.
7. Les gens sont (*à*) ... guichet (*de*) ... poste.
8. Les Parisiens aiment être (*à*) ... terrasses (*de*) ... cafés.
9. La Tour Eiffel est (*à*) ... bord (*de*) ... Seine.
10. (*à*) ... maison, nous avons deux télévisions.

5 Compléter par les articles qui conviennent :

1. Vous avez ... problèmes. J'ai ... idée.
2. Voilà ... adresse (*de*) ... discothèque (*de*) ... quartier.
3. C'est ... exercice. Il est dans ... livre de grammaire.
4. À ... maison, ... photos ... enfants sont sur ... cheminée.
5. Ce sont ... billets (*de*) ... concert de rock.
6. Elle a ... rendez-vous avec ... copain.
7. Il aime ... poulet et ... frites.
8. Tu as ... frère et ... sœur.
9. Il y a ... accidents sur ... routes.
10. Je n'ai pas mal (*à*) ... pieds, j'ai mal (*à*) ... jambes.

6 Choisir les articles qui conviennent et faire les phrases :

A/ *France – pays d'Europe.* → ***La** France est **un** pays d'Europe.*

1. tulipe – fleur.
2. Mali – pays d'Afrique.
3. tennis – sport.
4. peinture – art.
5. Atlantique – océan.
6. poker – jeu.

B/ *voiture – pompiers.* → *C'est **une** voiture, c'est **la** voiture **des** pompiers.*

1. parc – ville.
2. église – village.
3. menu – restaurant.
4. jeu vidéo – enfants.
5. aéroport – Moscou.
6. chauffeur – autobus.

C/ *Vincent – nez droit.* → *Vincent a **le** nez droit.*

1. Magali – yeux noirs.
2. Sébastien – mains sales.
3. Olivia – visage rond.
4. Juliette – cheveux longs.
5. Laurent – dents blanches.
6. Charlotte – nez droit.

D/ Compléter avec des articles définis ou indéfinis :

Voici ... immeuble neuf. Il a ... grande porte vitrée, ... ascenseur, ... couloirs modernes. Voilà ... porte de ... appartement de François. C'est ... « deux pièces ». Il y a ... entrée, ... salon, ... chambre, ... salle de bains et ... cuisine. ... appartement a ... fenêtres larges et ... belle vue. Le matin, il y a ... oiseaux dans ... arbres. ... nuit, ... silence total et ... calme sont merveilleux.

7 Mettre l'article partitif *du, de la, de l', des.*

1. C'est un tube de dentifrice. Il y a ... dentifrice dans le tube.
2. C'est un pot de moutarde. Il y a ... moutarde dans le pot.
3. C'est un verre d'eau. Il y a ... eau dans le verre.
4. C'est un paquet de bonbons. Il y a ... bonbons dans le paquet.
5. C'est une bouteille de champagne. Il y a ... champagne dans la bouteille.
6. J'aime le chocolat. Je mange ... chocolat.
7. J'aime la musique. J'écoute ... musique.
8. J'aime les jeux. J'ai ... chance.
9. Je n'aime pas le bruit. J'entends ... bruit.
10. J'aime le vin. Je bois ... vin.

8 Compléter les expressions de quantité par *de* ou *d'* :

Il a ***des*** *amis (beaucoup).* → *Il a* ***beaucoup d'****amis.*

A/
1. Elle est fatiguée, elle a de la fièvre *(un peu)*.
2. Tu as des vêtements *(assez)*.
3. Les enfants ont de la place *(assez)*. Ils ont des jouets *(beaucoup)*.
4. Il a de l'argent *(peu)*. Il a des problèmes *(trop)*.
5. Nous avons du temps *(peu)*. Nous avons du travail *(trop)*.
6. Je mets du sel *(beaucoup)* et du poivre *(un peu)* dans le potage.
7. Est-ce qu'il y a de la neige *(assez)* pour faire du ski ?
8. Ce matin, il y a du brouillard *(un peu)* et des nuages *(beaucoup)*.
9. En Bretagne, il y a des orages *(beaucoup)* et de la pluie *(trop)*.
10. Il y a du soleil *(beaucoup)* et du vent *(peu)*.

B/
1. Voici du sucre *(un morceau)*.
2. Voici du vin *(deux bouteilles)*.
3. Voilà des oranges *(un kilo)*.
4. Voici de la confiture *(un pot)*.
5. Voici de l'huile *(un litre)*.
6. Voici du pain *(trois tranches)*.

9

A/ Compléter les expressions suivantes par l'article indéfini qui convient et la préposition *de* ou *d'* :

C'est ... garçon ... café. → *C'est* **un** *garçon* **de** *café.*

1. C'est **...** raquette **...** tennis.
2. C'est **...** billet **...** avion.
3. C'est **...** carte **...** séjour.
4. C'est **...** ticket **...** métro.
5. C'est **...** numéro **...** téléphone.
6. C'est **...** homme **...** affaires.

B/ Mettre les phrases suivantes au pluriel :

C'est un jour de fête. → *Ce sont* **des** *jour***s** *de fête.*

C'est un train de nuit, une nuit d'hiver
une station de ski, un coucher de soleil
un feu de bois, un manteau de fourrure
une femme de rêve, une minute de silence
une heure d'amour.

C/ Mettre la bonne lettre dans la case :

A Un sac à	B Une tasse à	C Du papier à	D Un bateau à	E Une brosse à
☐ dents	☐ lettres	☐ thé	☐ dos	☐ voiles

10

A/ Mettre au singulier :

1. Il y a des arbres dans les rues.
2. Où sont les clés des chambres ?
3. Avez-vous des bouteilles de lait ?
4. Ce sont les héros des films.
5. Les œuvres des artistes sont dans les musées.

B/ Mettre au pluriel :

1. La photo de l'acteur est au mur.
2. C'est la musique du film.
3. Il y a une réponse à la question.
4. Voici le sac et la valise de Charlotte.
5. Ce n'est pas une carte de France, c'est un plan de Paris.

11 Mettre si nécessaire un article (défini, défini contracté, indéfini ou partitif) :

A/ Nous visitons **...** musée **...** Louvre. Voici **...** entrée **...** visiteurs. Elle est sous **...** pyramide. Il y a **...** escalier, **...** grand hall avec **...** comptoirs. Nous allons vers **...** salles **...** musée. Il y a **...** monde, **...** bruit et aussi beaucoup (de) **...** touristes et peu (de) **...** bancs. Après la visite, nous allons à **...** cafétéria pour boire **...** tasse (de) **...** thé. Nous sommes contents. C'est **...** visite intéressante.

B/ J'ai beaucoup de courses à faire. Je vais d'abord à **...** boucherie pour acheter **...** viande et à **...** boulangerie pour acheter **...** pain. Je vais aussi à **...** banque pour retirer **...** argent. Mais il fait **...** temps horrible. Il y a **...** pluie et **...** vent.

3

Les noms

SOMMAIRE

1-2-3-4	Masculin et féminin.
5-6	Singulier et pluriel.
7-8	Étude de suffixes masculins ou féminins.

1 Mettre le nom au féminin :

A/ *Un voisin → une voisi**ne**.*

1. Un ami
2. Un étudiant
3. Un candidat
4. Un employé
5. Un inconnu
6. Un Français
7. Un Allemand
8. Un Africain
9. Un Espagnol
10. Un Danois

B/ *Un étranger → une étrang**ère**.*

1. Un cuisinier
2. Un passager
3. Un ouvrier
4. Un romancier
5. Un boulanger

C/ *Un Italien → une Itali**enne**.*

1. Un Brésilien
2. Un champion
3. Un patron
4. Un Européen
5. Un chat

D/ *Un prince → une princ**esse**.*

1. Un tigre
2. Un maître
3. Un hôte

E/ *Un voyageur → une voyag**euse**.*

1. Un coiffeur
2. Un danseur
3. Un chanteur
4. Un skieur
5. Un voleur
6. Un nageur
7. Un chômeur
8. Un vendeur
9. Un tricheur
10. Un menteur

F/ *Un spectateur → une spectat**rice**.*

1. Un acteur
2. Un producteur
3. Un auditeur
4. Un instituteur
5. Un électeur
6. Un directeur
7. Un présentateur
8. Un conducteur
9. Un animateur
10. Un traducteur

G/ *Un artiste* → *une artiste.*

1. Un Russe
2. Un journaliste
3. Un locataire
4. Un propriétaire
5. Un cinéaste
6. Un photographe
7. Un touriste
8. Un secrétaire
9. Un pianiste

2 **Écrire la fin du nom** (regarder l'article masculin ou féminin) :

1. C'est une hôt**...** de l'air.
2. C'est un champ**...** de tennis.
3. C'est la traduct**...** du livre de Kundera.
4. Ce n'est pas une bonne cuisin**...** .
5. C'est une employ**...** de banque.
6. C'est une jolie Dan**...** .
7. Le propriét**...** a une maison à Paris.
8. Le chant**...** est avec une act**...** .
9. C'est la patr**...** du restaurant.
10. La voyag**...** est dans l'avion.

3 **Mettre le nom au féminin** (attention : le nom féminin est différent du nom masculin) :

1. Un homme
2. Un garçon
3. Un fils
4. Un frère
5. Un père
6. Un oncle
7. Un mari
8. Un neveu
9. Un roi
10. Un héros
11. Un copain
12. Un jeune homme
13. Un grand-père
14. Un jumeau
15. Un papa

4 **Mettre l'article indéfini qui convient, puis trouver le masculin ou le féminin :**

... monsieur. → *C'est* ***un*** *monsieur. C'est* ***une dame.***

1. **...** tante
2. **...** actrice
3. **...** chômeur
4. **...** femme
5. **...** boulanger
6. **...** Chinoise
7. **...** fille
8. **...** copine
9. **...** menteur
10. **...** nièce
11. **...** comédien
12. **...** chat
13. **...** reine
14. **...** lectrice
15. **...** mari

5 Mettre les noms au pluriel :

A/ *Un lit et un réveil. → Des lit**s** et des réveil**s**.*

1. Un homme et une femme.
2. Un boulevard et un trottoir.
3. Un détail et un conseil.
4. Un cri et un fou.
5. Un bal et un festival.

B/ *Un chev**al** → Des chev**aux**.* *Un vitr**ail** → Des vitr**aux**.*

1. Un hôpital
2. Un métal
3. Un journal
4. Un animal
5. Un canal
6. Un travail

C/ *Un feu → Des feu**x**.* *Un genou → Des genou**x**.* *Un bateau → Des bateau**x**.*

1. Un cheveu
2. Un jeu
3. Un neveu
4. Un vœu
5. Un adieu
6. Un bijou
7. Un chou
8. Un caillou
9. Un château
10. Un manteau
11. Un morceau
12. Un gâteau
13. Un couteau
14. Un tableau
15. Une peau

D/ *Un tapi**s** → Des tapi**s**.* *Une voi**x** → Des voi**x**.*

1. Un bras
2. Un mois
3. Un pays
4. Un cours (de langue)
5. Un bois
6. Un fils
7. Un Polonais
8. Une toux
9. Un choix
10. Un prix

E/ Attention, le nom pluriel est différent du nom singulier :

1. Monsieur. 2. Madame. 3. Mademoiselle. 4. Un œil. 5. Un jeune homme.

6

A/ Mettre au pluriel les noms en italiques. Accorder les articles et les verbes si c'est nécessaire :

1. Bonjour *Madame*, *Mademoiselle*, *Monsieur*.
2. Aujourd'hui, dans *le journal*, il y a *un détail* sur le vol *du bijou* de la comtesse.
3. Sur *le plateau*, il y a *un couteau*, *une fourchette*, *un morceau* de pain, *une noix*, *un chou* à la crème, *un gâteau* au chocolat et *une tasse* de thé.
4. *Le cheval* est *un animal*. *Le rossignol* est *un oiseau*. *Le saumon* est *un poisson*. *La tulipe* est *une fleur*. *Le cactus* est *une plante*.

B/ 1. C'est *le neveu* de *la voisine.*
2. Ce n'est pas *le fils* du *propriétaire.*
3. C'est *un fou* de cinéma.
4. C'est *un pays* d'Europe.
5. Voici *le prix* du *repas.*

7 Mettre tous les éléments de la phrase au singulier :

1. Ce sont des jeunes gens.
2. Voici les locataires des appartements.
3. Les jeux des enfants sont sur les tapis.
4. Aux fenêtres des églises, il y a des vitraux.
5. Ce sont des réveils et des appareils photographiques.

8

A/ Regarder la fin du nom et mettre un article masculin ou féminin :

le *commen**cement**,*
le *cour**age**,*
le *tour**isme**,*
le ***soir**,*
le *ros**ier**,*
la *solu**tion**,*
la *beau**té**,*
la *fol**ie***
la *soir**ée**,*
la *vieil**lesse**,*
la *pein**ture**.*
l' *aven**ture**.*

... journalisme,	... traduction,	... année,	... vêtement,
... vitesse,	... trottoir,	... qualité,	... escalier,
... répétition,	... pommier,	... journée,	... voyage,
... économie,	... exposition,	... liberté,	... jeunesse,
... appartement,	... voiture,	... fromage,	... bouchée,
... chaussure,	... pâtissier,	... entrée,	... étage,
... vérité,	... action,	... quantité,	... chimie,
... paresse,	... visage,	... coiffure,	... réalisme,
... volonté,	... prononciation,	... miroir,	... adresse,
... gouvernement,	... garage,	... vie,	... impressionnisme.

B/ Mettre le nom qui convient avec un article.

⚠ **Ces mots ont l'air féminins, ils sont masculins !**

programme – siècle – musée – téléphone – problème.

1. Dans **...** , il y a des tableaux de Rembrandt.
2. C'est **...** de mathématiques.
3. Nous sommes (à) **...** XXe **...** .
4. Vous regardez **...** de télévision intéressant.
5. **...** est sur la table de l'entrée.

4

Les adjectifs

SOMMAIRE

Adjectifs terminés

1 par une voyelle : -*e* au féminin.
2 par -*n* : -*ne* ou -*nne* au féminin.
par -*r*,-*l*,-*d*,-*t* : -*re*,-*le*,-*de*,-*te* au féminin.
par -*s* : -*se* ou -*sse* au féminin.
3 par -*al* : -*ale* (pluriel -*aux* et -*ales*).
4 par -*el*,-*ul*,-*eil* : -*elle*,-*ulle*,-*eille* au féminin.
5 par -*er* : -*ère* ou par -*et* : -*ète* au féminin.
6 par -*eux*, -*oux* : -*euse*,-*ouse* au féminin (pluriel -*eux*,-*euses*,-*oux*,-*ouses*).
7 par -*f* : -*ve* au féminin.
8 Adjectifs qui ne changent pas au féminin.
9 Adjectifs aux formes féminines diverses.
10 Adjectifs : *nouveau, beau, vieux*.
11 Révision des accords des adjectifs.
12 L'article indéfini devant l'adjectif et le nom au pluriel.
13 L'adjectif contraire.
14 Expressions de comparaison.

1

A/ Mettre au féminin singulier :

Il est couché. → *Elle est couch**é**e.*

1. Le bouquet de fleurs est joli. La fleur est ...
2. Le dessin est raté. La photo est ...
3. Le poisson est cru. La viande est ...
4. Il est nu sous la douche. Elle est ...
5. Il n'est pas marié. Elle n'est pas ...

B/ Mettre les phrases au masculin pluriel et au féminin pluriel :

*Ils sont couché**s**.* → *Elles sont couché**es**.*

2

A/ Compléter les phrases :

1. *Brun :* C'est un garçon ... , c'est une fille ...
2. *Voisin :* C'est l'appartement ... , c'est la famille ...
3. *Contemporain :* C'est un roman ... , c'est une pièce ...
4. *Prochain :* C'est le mois ... , c'est l'année ...
5. *Plein :* C'est un verre ... , c'est une bouteille ...

⚠ *Italien : Il est ... , elle est ...*
→ *Il est ital**ien**, elle est ital**ienne**.*

6. *Bon :* Le vin est ... , la cuisine est ...
7. *Ancien :* Le palais est ... , l'église est ...
8. *Européen :* C'est le parlement ... , c'est la communauté ...
9. *Égyptien :* C'est un monument ... , c'est une pyramide ...
10. *Breton :* C'est un chant ... , c'est une danse ...

B/ Compléter les phrases, puis mettre au pluriel :

1. *Futur :* C'est le ... champion, c'est la ... championne.
2. *Clair :* Le studio est ..., la chambre est ...
3. *Noir :* Le pantalon est ..., la jupe est ...
4. *Meilleur :* C'est le ... vin, c'est la ... bière.
5. *Seul :* L'étudiant est ... à Paris, l'étudiante est ...
6. *Grand* et *blond :* Le garçon est ... , la fille est ...
7. *Chaud* ou *froid :* Le vent est ... , la saison est ...
8. *Petit* et *étroit :* Le couloir est ... , l'entrée est ...
9. *Gratuit :* Le concert est ... , l'exposition est ...
10. *Content :* Il n'est pas ... , elle n'est pas ...

C/ Compléter les phrases, puis mettre au pluriel :

1. *Mauvais :* L'alcool est ... pour la santé, la drogue est ...
2. *Français :* Le croissant est ... , la brioche est ...
3. *Gris :* Le nuage est ... , la journée est ...
4. *Suédois :* Il est ... , elle est ...
5. *Assis :* L'homme est ... sur le banc, la femme est ... aussi

⚠ *Gras : Le beurre est ... , l'huile est ...*
→ *Le beurre est gra**s**, l'huile est gra**sse**.*

6. *Bas :* Le lit est ... , la table est ...
7. *Gros :* Il a un nez très ... et une tête très ...
8. *Épais :* Il porte un manteau ... et une veste ...

3

A/ Compléter les phrases :

1. C'est le mot principal. C'est l'idée **...**
2. C'est un groupe international. C'est une société **...**
3. C'est un jour spécial. C'est une soirée **...**
4. C'est un artiste génial. C'est une œuvre **...**
5. C'est un plat régional. C'est une cuisine **...**

B/ Mettre les phrases au pluriel (attention au masculin) :

→ *Ce sont les mots princip**aux**.*
→ *Ce sont les idées princip**ales**.*

4 Faire une phrase avec le nom féminin et l'adjectif :

C'est un fait habituel, (une solution).
→ *C'est un fait habitu**el**, c'est une solution habitu**elle**.*

1. C'est un sujet actuel, *(une situation).*
2. C'est un congé annuel, *(une réunion).*
3. Tu as un avis personnel, *(une opinion).*
4. C'est un match nul, *(une partie).*
5. Il n'est pas pareil, *(elle).*

5 Compléter les phrases :

A/

C'est le premier soir ; c'est la ... nuit.
→ *C'est le prem**ier** soir ; c'est la prem**ière** nuit.*

1. C'est un pain entier ; c'est une baguette **...**
2. Il a un sac léger et une valise **...**
3. C'est le dernier moment ; c'est la **...** minute.
4. Ce sont des étudiants étrangers ; ce sont des étudiantes **...**
5. C'est un magasin trop cher ; c'est une boutique trop **...**

B/

Secret : c'est un dossier ... , c'est une mission ...
→ *C'est un dossier secr**et**, c'est une mission secr**ète**.*

1. *Complet :* L'hôtel est **...** , l'auberge de jeunesse est **...**
2. *Discret :* J'ai des amis **...** et des amies **...**
3. *Indiscret :* C'est un regard **...** , c'est une question **...**
4. *Inquiet :* Le père est **...** , la mère est **...**
5. *Incomplet :* Les renseignements sont **...** , les réponses sont **...**

6

A/ Compléter les phrases :

C'est un spectacle merveilleux, une histoire ...
→ *C'est un spectacle merveill**eux**, une histoire merveill**euse**.*

1. Il est amoureux et heureux ; elle est **...**
2. Le conducteur est furieux ; la conductrice est **...**
3. C'est un sport dangereux, ce n'est pas une course **...**
4. Est-il courageux ou peureux ? Est-elle **...** ?
5. Elle a un mari jaloux ; il a une femme **...**

B/ Mettre les phrases au pluriel.

*Ce sont des spectacles merveill**eux**, des histoires merveill**euses**.*

7

Compléter les phrases :

C'est un couturier créatif et une mode **...**
→ *C'est un couturier créat**if** et une mode créat**ive**.*

1. Voilà un club sportif et une association **...**
2. Le résultat est négatif, la réponse est **...**
3. C'est un adolescent agressif ; c'est une adolescente **...**
4. Il a un vélo neuf et une voiture **...**
5. Il est naïf ; elle est **...**

8

Compléter en utilisant les adjectifs proposés :

1. Le canapé est jaune et rouge. Les fauteuils **...**
2. Le violoniste est jeune et timide. Les musiciennes **...**
3. L'immeuble est vide et triste. Les pièces **...**
4. Le linge est sale ou propre. Les chemises de Marc **...**
5. C'est une fusée rapide. Ce sont des trains **...**

9

A/ Compléter les phrases (attention, les féminins sont différents) :

1. *Doux :* Il a un regard **...** , elle a une voix **...**
2. *Roux :* Le jeune homme est **...** , la jeune fille est **...**
3. *Faux :* Le billet est **...** , la pièce de monnaie est **...**
4. *Muet :* C'est un film **...** , c'est une enfant **...**
5. *Gentil :* C'est un ami très **...** , c'est une amie très **...**
6. *Menteur :* C'est un garçon **...** , c'est une fille **...**

7. *Public :* C'est un jardin **...** , c'est une place **...**
8. *Grec :* C'est un port **...** , c'est une île **...**
9. *Favori :* Ce sont le chanteur **...** et la chanson **...** de Jean.
10. *Fou :* Il est **...** , elle est **...**
11. *Long :* Le concert est **...** , l'émission est **...**
12. *Bref :* C'est un texte **...** , c'est une lettre **...**
13. *Sec :* Le drap est **...** , la serviette est **...**
14. *Blanc :* Le rideau est **...** , la nappe est **...**
15. *Frais :* Le vin est **...** , la cave est **...**

B/ Mettre les phrases au pluriel.

10 Compléter les phrases :

Nouveau : C'est un ... film. → *C'est un nouv**eau** film.*
C'est un ... acteur. → *C'est un nouv**el a**cteur.*
C'est une ... actrice. → *C'est une nouv**elle** actrice.*
Les décors sont ... → *Les décors sont nouv**eaux**.*
Les affiches sont ... → *Les affiches sont nouv**elles**.*

1. *Beau :* C'est un **...** château,
   C'est un **...** arbre,
   C'est une **...** tour,
   Les jardins sont **...**
   Les fontaines sont **...**
2. *Vieux :* C'est un **...** quartier,
   C'est un **...** immeuble,
   C'est une **...** ville,
   Les habitants sont **...**
   Les maisons sont **...**

11 Accorder les adjectifs avec les noms :

1. À l'université, il y a des garçons très *(sportif)* et des filles très *(actif)*.
2. Les *(nouveau)* voisines de Pauline sont *(gentil)*.
3. Ce sont des plantes *(dangereux)* pour la santé.
4. Les glaces *(italien)* sont *(excellent)*, les vins *(espagnol)* sont *(bon)* aussi.
5. Les *(premier)* mois et les *(premier)* années de la vie sont très *(important)*.
6. Il a une *(long)* barbe, des cheveux *(blanc)* et des yeux *(doux)*.
7. Ce sont des informations *(exact)* avec des détails *(intéressant)*.
8. Les *(vieux)* dames sont *(assis)* sur des fauteuils, les *(petit)* enfants sont *(assis)* par terre.

12 Mettre les phrases au pluriel :

A/ *C'est une grosse erreur.* → *Ce sont* **de grosses** *erreurs.*

1. Voilà un grand jardin et une petite maison.
2. Ce n'est pas un très bon danseur. C'est un mauvais danseur.
3. C'est un long voyage dans une vieille voiture.
4. Il y a un autre problème. Il y a une autre solution.
5. C'est une nouvelle vendeuse. C'est une jolie fille.

B/ *C'est un bijou ancien.* → *Ce sont* **des** *bijoux* **anciens**.

1. Ce n'est pas une pièce confortable.
2. C'est une femme extraordinaire.
3. Voici une plante verte.
4. Il a une amie très fidèle.
5. C'est une fleur rouge magnifique.

13 Trouver le contraire de l'adjectif :

1. C'est un homme politique *honnête.*
2. C'est un garçon *sympathique.*
3. C'est un camarade *agréable.*
4. C'est un exercice *facile.*
5. Tu es *content.*
6. C'est une qualité *supérieure.*
7. La situation semble *normale.*
8. Le partage est *égal.*
9. C'est un adolescent *prudent.*
10. C'est une réponse *directe.*
11. C'est une famille *riche.*
12. Vous êtes *optimiste.*
13. L'histoire est *vraie.*
14. C'est un *méchant* garçon.
15. C'est *possible.*
16. Il y a un escalier *intérieur.*

14 Associer l'adjectif à l'expression de comparaison qui convient et mettre la bonne lettre dans la case de droite :

A	blond	☐	comme du verre
B	rouge	☐	comme une plume
C	laid	☐	comme un chien
D	simple	☐	comme une tomate
E	bête	☐	comme les blés
F	léger	☐	comme bonjour
G	doux	☐	comme le monde
H	fragile	☐	comme un pou
I	vieux	☐	comme un agneau
J	malade	☐	comme ses pieds

5

Le présent de l'indicatif

SOMMAIRE

Verbes du premier groupe :

- **1-2** Verbes en -ER.
- **3** Verbes en -ELER et -ETER.
- **4** Verbes en -CER et -GER.
- **5** Verbes en -AYER, -OYER et -UYER.
- **6** RÉVISION.

Verbes du deuxième groupe :

- **7** Verbes en -IR.
- **8** RÉVISION.

Verbes du troisième groupe :

- **9** Verbes en -IR (sauf *venir* et *tenir*).
- **10** Verbes en -IRE (sauf *dire*), -UIRE et -IVRE.
- **11** Verbes en -TTRE et -AÎTRE.
- **12** Verbes en -AINDRE, -EINDRE, -OINDRE.
- **13** Verbes en -ONDRE, -ENDRE (sauf *prendre*), -ERDRE, -ORDRE.
- **14-15** RÉVISION.
- **16** **Verbes irréguliers**.
- **17** **Emploi**.
- **18, 19** RÉVISION GÉNÉRALE.

1

A/ Écrire la bonne terminaison :

parler : Je parl...
chanter : Tu chant...
danser : Elle dans...
étudier : Nous étudi...
jouer : Vous jou...
écouter : Ils écout...

B/ Écrire au présent :

1. Pierre et Catherine *(parler)* et *(raconter)* des histoires.
2. Tu *(jouer)* au loto et tu *(gagner)*.
3. Nicolas *(aimer)* le chocolat et *(détester)* les carottes.
4. Vous *(étudier)* le français : vous *(travailler)* beaucoup.
5. Je *(inviter)* des amis. Nous *(déjeuner)* ensemble.

2

A/ Mettre un accent si c'est nécessaire :

posséder :			*lever :*		
	Je	possede		Je	leve
	Tu	possedes		Tu	leves
	Il	possede		Il	leve
	Nous	possedons		Nous	levons
	Vous	possedez		Vous	levez
	Ils	possedent		Ils	levent

B/ Écrire au présent :

1. Ils *(posséder)* une grande maison et nous *(posséder)* un petit appartement.
2. Vous *(espérer)* avoir une lettre, j'*(espérer)* aussi.
3. Tu *(soulever)* la valise. Elle *(peser)* vingt kilos.
4. Il *(répéter)* la question. Nous *(répéter)* la réponse.
5. Elle *(lever)* la tête, nous *(lever)* la tête aussi ; nous regardons les étoiles.

3

A/ Compléter avec *l* ou *ll*, *t* ou *tt* et les bonnes terminaisons :

appeler :			*jeter :*		
	J'	appe...		Je	je...
	Tu	appe...		Tu	je...
	Il	appe...		Il	je...
	Nous	appe...		Nous	je...
	Vous	appe...		Vous	je...
	Ils	appe...		Ils	je...

⚠ ***acheter*** et ***geler*** se conjuguent comme ***lever***.

B/ Écrire au présent :

1. Vous *(appeler)* le chien, je *(appeler)* les enfants.
2. Elle *(jeter)* un verre cassé ; nous *(jeter)* un vieux sac.
3. Il ne *(geler)* pas dehors, mais vous *(geler)*.
4. Ils *(acheter)* des disques, nous *(acheter)* des livres.
5. Tu *(congeler)* des légumes, nous *(congeler)* du poisson.

4

A/ Compléter avec *c* ou *ç*, *g* ou *ge* et les bonnes terminaisons :

commencer :			*manger :*		
	Je	comm...		Je	man...
	Tu	comm...		Tu	man...
	Il	comm...		Il	man...
	Nous	comm...		Nous	man...
	Vous	comm...		Vous	man...
	Ils	comm...		Ils	man...

B/ Écrire au présent :

1. La voiture ne *(avancer)* pas vite.
2. Vous *(prononcer)* bien le français.
3. Nous *(commencer)* le jeu.
4. Tu *(recommencer)* l'exercice.
5. Je *(nager)* assez mal.
6. Nous *(manger)* du chocolat.
7. Les touristes *(changer)* de l'argent.
8. Tu *(voyager)* avec moi.
9. Nous *(lancer)* le ballon.
10. Nous *(partager)* la chambre d'hôtel.

5

A/ Compléter avec *i* ou *y* et les bonnes terminaisons :

payer :			*envoyer :*			*essuyer :*		
	Je	pa...		J'	envo...		J'	essu...
	Tu	pa...		Tu	envo...		Tu	essu...
	Il	pa...		Il	envo...		Il	essu...
	Nous	pa...		Nous	envo...		Nous	essu...
	Vous	pa...		Vous	envo...		Vous	essu...
	Ils	pa...		Ils	envo...		Ils	essu...

B/ Écrire au présent :

1. Tu *(envoyer)* une lettre.
2. Nous *(payer)* très cher le studio.
3. J'*(essayer)* un nouveau manteau.
4. Tu laves et tu *(essuyer)* les verres.
5. Vous *(employer)* des mots difficiles.
6. Elle *(appuyer)* sur la sonnette.

6 Trouver le sujet :

1. ... préfère la tarte aux fraises.
2. ... rangeons les affaires.
3. ... essayez des chaussures.
4. ... appelle un taxi.
5. ... commençons les exercices.
6. ... pleures.
7. ... étudie le droit international.
8. ... achètes un disque.
9. ... envoient des lettres.
10. ... enlèves tes chaussettes.

7

A/ Écrire la terminaison :

finir : Je fin...
Tu fin...
Il fin...
Nous fin...
Vous fin...
Ils fin...

B/ Écrire au présent :

1. Je *(grossir)* un peu.
2. Tu *(grandir)* beaucoup.
3. Elle *(maigrir)* lentement.
4. Nous *(vieillir)* vite.
5. Vous *(rougir)* souvent.
6. Le fruit *(mûrir)*.
7. Les cheveux *(blanchir)*.
8. Les fleurs *(pâlir)* au soleil.
9. L'enfant *(salir)* la nappe.
10. Les feuilles *(jaunir)*.

8

A/ Mettre le sujet et le verbe au pluriel :

1. Tu réunis des amis.
2. L'avion atterrit et je finis le voyage.
3. Le médecin guérit le malade.
4. J'obéis quelquefois, tu désobéis souvent.
5. Le spectateur applaudit le clown.

B/ Mettre le sujet et le verbe au singulier :

1. Vous réfléchissez d'abord, vous agissez ensuite.
2. Elles brunissent au soleil et elles rajeunissent.
3. Nous réussissons les gâteaux au chocolat.
4. Vous choisissez un métier artistique.
5. Ils remplissent les verres.

9

A/ Écrire la fin du verbe :

sortir :	Je	sor...	*courir :*	Je	cour...	*ouvrir :*	J'	ouv...
	Tu	sor...		Tu	cour...		Tu	ouv...
	Il	sor...		Il	cour...		Il	ouv...
	Nous	sor...		Nous	cour...		Nous	ouv...
	Vous	sor...		Vous	cour...		Vous	ouv...
	Ils	sor...		Ils	cour...		Ils	ouv...

B/ Écrire au présent :

1. Vous *(sortir)* souvent le soir.
2. Tu *(servir)* le café.
3. Ils *(partir)* en vacances.
4. Je ne *(dormir)* pas bien.
5. Le champion de tennis *(courir)* vite.

C/

1. Tu *(ouvrir)* la porte.
2. J'ai mal aux dents, je *(souffrir)*.
3. Nous *(offrir)* de belles roses.
4. Il *(cueillir)* des cerises.
5. Elles *(découvrir)* un nouveau pays.

10

A/ Écrire la fin du verbe :

lire :	Je	li...	*conduire :*	Je	condui...	*vivre :*	Je	vi...
	Tu	li...		Tu	condui...		Tu	vi...
	Il	li...		Il	condui...		Il	vi...
	Nous	li...		Nous	condui...		Nous	vi...
	Vous	li...		Vous	condui...		Vous	vi...
	Ils	li...		Ils	condui...		Ils	vi...

B/ Écrire au présent :

1. Vous ne *(lire)* pas beaucoup.
2. Ils *(élire)* le président.
3. Le policier *(interdire)* l'entrée.
4. Je *(traduire)* un roman espagnol.
5. Ils *(construire)* un pont.
6. Nous *(détruire)* une vieille maison.
7. Il *(conduire)* une voiture étrangère.
8. Nous *(vivre)* dans un pays étranger.
9. Je *(suivre)* un cours de français.
10. Elle ne *(vivre)* pas à Paris.

11

A/ Écrire la fin du verbe :

mettre :	Je	me...	*connaître :*	Je	conn...
	Tu	me...		Tu	conn...
	Il	me...		Il	conn...
	Nous	me...		Nous	conn...
	Vous	me...		Vous	conn...
	Ils	me...		Ils	conn...

B/ Écrire au présent :

1. Je *(mettre)* des gants, vous *(mettre)* des bottes.
2. Le bébé *(naître)*. Le coeur du bébé *(battre)*.
3. Il *(paraître)* fatigué, ils *(paraître)* en forme.
4. Tu *(reconnaître)* la maison, vous *(reconnaître)* le village.
5. Je *(connaître)* bien le quartier. Nous ne *(connaître)* pas bien la ville.

12

A/ Écrire la fin du verbe :

craindre :			*peindre :*		
	Je	crai...		Je	pei...
	Tu	crai...		Tu	pei...
	Il	crai...		Il	pei...
	Nous	crai...		Nous	pei...
	Vous	crai...		Vous	pei...
	Ils	crai...		Ils	pei...

B/ Écrire au présent :

1. Tu *(peindre)* les murs, nous *(repeindre)* les fenêtres.
2. Je *(éteindre)* une lampe, vous *(éteindre)* la lumière.
3. Ils *(rejoindre)* des amies au café.
4. Le ballon *(atteindre)* le but.
5. Nous *(craindre)* un accident, elle *(craindre)* une panne.

13

A/ Écrire la fin du verbe :

répondre :			*attendre :*			*perdre :*		
	Je	répon...		J'	atten...		Je	per...
	Tu	répon...		Tu	atten...		Tu	per...
	Il	répon...		Il	atten...		Il	per...
	Nous	répon...		Nous	atten...		Nous	per...
	Vous	répon...		Vous	atten...		Vous	per...
	Ils	répon...		Ils	atten...		Ils	per...

B/ Écrire au présent :

1. Parfois, je *(entendre)* mal, cela *(dépendre)* des moments.
2. On *(perdre)* du temps, on *(attendre)* les derniers voyageurs.
3. Ils *(défendre)* des idées. Ils *(répondre)* aux critiques.
4. Vous *(confondre)* les deux mots : mère et mer.
5. Tu *(entendre)* du bruit. Tu *(descendre)* ouvrir la porte.

14 Écrire le verbe au présent :

1. La caissière *(rendre)* la monnaie, elle *(répondre)* à la cliente.
2. Je *(traduire)* le discours du président, nous *(rejoindre)* les journalistes.
3. Vous *(courir)* vite, mais vous *(perdre)* la course.
4. Tu *(mettre)* des lunettes noires, tu *(craindre)* la lumière forte.
5. Le soleil *(disparaître)*, les nuages *(apparaître)*.

15 **Écrire au présent :**

1. L'enfant ... , je ... de la chambre. *(dormir-sortir)*
2. Il ... Patricia, il ne ... pas content. *(attendre-paraître)*
3. Je ... la radio et je ... au téléphone. *(éteindre-répondre)*
4. Tu ... la bouteille, tu ... le vin aux invités. *(ouvrir-servir)*
5. Vous ... à Paris, vous ... la ville. *(vivre-connaître)*
6. Ils ... en vacances, ils ... vite. *(partir-conduire)*
7. Tu ne ... pas la vérité, tu ... . *(dire-mentir)*
8. Elle ... et elle ... des cadeaux. *(promettre-offrir)*
9. Nous ... , nous ... un nouveau roman. *(lire-découvrir)*
10. Tu ... et tu ... des tableaux. *(peindre-vendre)*

16

A/ Écrire au présent :

1. *(Je, il, nous, ils)* Aller au cinéma.
2. *(Tu, nous, vous, ils)* Faire des exercices.
3. *(Je, il, nous, ils)* Prendre le train.
4. *(Je, il, vous, ils)* Venir à la maison.
5. *(Tu, elle, nous, ils)* Tenir la raquette à la main.
6. *(Il, nous, vous, elles)* Dire la vérité.
7. *(Je, elle, vous, ils)* Écrire une lettre.
8. *(Tu, il, nous, elles)* Rire très fort.

B/ Écrire au présent :

1. *vouloir :* Je ... , elle ... , nous ... , elles ...
2. *pouvoir :* Tu ... , nous ... , il ... , ils ...
3. *savoir :* Tu ... , il ... , vous ... , elles ...
4. *devoir :* Tu ... , il ... , vous ... , ils ...
5. *recevoir :* Je ... , elle ... , nous ... , ils ...
6. *voir :* Je ... , il ... , nous ... , ils ...
7. *croire :* Je ... , tu ... , nous ... , ils ...
8. *boire :* Je ... , il ... , nous ... , elles ...
9. *plaire :* Tu ... , il ... , vous ... , ils ...
10. *falloir, pleuvoir :* Il ... , il ... .

C/ Mettre la phrase au pluriel :

1. Il veut partir, je veux rester.
2. Elle sait cela, je ne sais pas cela.
3. Tu peux répondre, elle ne peut pas.

4. Je dois rentrer, tu dois sortir.
5. Elle reçoit un paquet, tu reçois une lettre.
6. Est-ce que tu crois cette histoire ?
7. Elle plaît beaucoup à Didier.
8. Je bois du vin, elle boit de l'eau.
9. Tu dis oui, il dit non.
10. Elle prend l'autobus, tu prends le métro.
11. Il revient à sept heures ; est-ce que tu reviens aussi ?
12. Je fais du yoga, tu fais du judo.
13. Il va à la piscine, je vais au stade.
14. Est-ce que ce tableau appartient au musée ?
15. Tu n'écris pas souvent, il écrit beaucoup.

17 Écrire les verbes au présent :

Fait actuel

1. En ce moment, elle *(être)* malade ; elle *(souffrir)* beaucoup.
2. Maintenant, je *(avoir)* sommeil : je *(éteindre)* la lumière et je *(dormir)*.
3. Aujourd'hui, il *(faire)* beau à Paris et il *(pleuvoir)* à Rouen.

Fait habituel

4. Il *(venir)* souvent à Paris.
5. Nous *(aller)* quelquefois au cinéma.
6. Il *(écrire)* rarement des lettres.
7. Vous *(prendre)* toujours le métro à Paris.
8. Le dimanche matin, ils *(faire)* une promenade, le soir ils *(lire)* un bon livre.

Vérité générale

9. Deux et deux *(faire)* quatre.
10. La Seine *(couler)* à Paris.

18

A/ Écrire les verbes du texte au présent :

Tu *(habiter)* dans la banlieue parisienne et tu *(aimer)* beaucoup le vélo. Le dimanche matin, tu *(aller)* dans le garage, tu *(prendre)* une bicyclette, et tu *(partir)* dans la forêt. Tu *(connaître)* tous les chemins, tu *(monter)*, tu *(descendre)*, tu *(tourner)* à droite, à gauche, tu ne *(perdre)* jamais la bonne direction. Tu *(rencontrer)* parfois d'autres cyclistes. Alors, tu *(suivre)* le même chemin et tu *(faire)* la course avec eux.
Tu *(mettre)* deux heures à faire ce tour et tu *(finir)* avant le déjeuner.
Tu *(revenir)* à la maison, tu *(être)* fatigué mais content.

B/ Réécrire le texte à la troisième personne du pluriel : *Ils...*

19

A/ Réécrire les petites annonces à la 1re personne du singulier *(je)* et au présent :

1. Avoir trente ans. Être un beau garçon. Aller souvent à la mer et à la montagne. Brunir facilement. Plonger, nager, faire du bateau et du ski. Fumer peu, boire peu, manger avec plaisir. Aimer le cinéma et les voyages. Désirer rencontrer une jeune fille de vingt ou vingt-cinq ans jolie, sportive.Vouloir une longue vie à deux. Espérer le mariage et des enfants. Attendre une réponse rapide.
2. Avoir vingt-cinq ans. Être divorcée, sans enfant, blonde, belle, cultivée. Chercher un homme tendre et intelligent et souhaiter un homme de 40 ans. Détester les chiens et la télévision mais posséder deux chats. Pouvoir vivre à l'étranger, parler trois langues. Savoir bien faire la cuisine et recevoir avec plaisir. Rire beaucoup et plaire souvent.
3. Être un homme grand, mince, blond de trente ans. Paraître sérieux mais avoir du charme. Comprendre et traduire l'anglais, l'espagnol et le grec. Voyager facilement et avoir des contacts multiples à l'étranger. Vouloir un emploi stable, bien rémunéré. Bien connaître les rapports dans l'entreprise. Savoir diriger des équipes. Pouvoir prendre des responsabilités. Réfléchir et décider vite. Envoyer un curriculum vitae et une photo sur demande. Répondre rapidement.

B/ Écrire une petite annonce.

6

Verbes et expressions suivis de l'infinitif

SOMMAIRE

1	L'infinitif après un autre verbe.
2-3-4	Le futur proche et le passé proche.
5-6-7-8-9	Verbes suivis de l'infinitif.
10-11	RÉVISION.

1 Choisissez la bonne terminaison des verbes à l'infinitif : *-er, -ir, -re, -oir.*

*Je veux sort... → Je veux sort**ir**.*

1. L'avion va atterr...
2. Tu sais nag...
3. Vous aimez écri...
4. Elle peut comprend...
5. Il vient de pleuv...
6. Ils sont en train de dorm...
7. Il faut travaill...
8. Je ne peux pas reven...
9. Nous voulons boi...
10. Tu dois répond...

2 Écrivez au présent le verbe *aller* et mettez le deuxième verbe de la phrase à l'infinitif pour former le futur proche :

*Je réfléchis. → Je **vais** réfléchir.*

1. Vous lisez un roman.
2. Il déménage.
3. Tu cherches du travail.
4. Elles finissent leurs études.
5. Nous prenons l'autobus.
6. Je reviens.

3 Écrivez au présent le verbe *venir de* et mettez le deuxième verbe de la phrase à l'infinitif pour former le passé proche :

*Il téléphone. → Il **vient de** téléphoner.*

1. Ils ont un enfant.
2. Je reçois un fax.
3. Nous achetons un appartement.
4. Le cerisier fleurit.
5. Tu ouvres le magasin.
6. Elle sort.

4 Mettez le futur proche et le passé proche :

Ils partent ***bientôt.***
→ *Ils* ***vont*** *partir.*

Ils partent ***juste.***
→ *Ils* ***viennent de*** *partir.*

1. Le train entre bientôt en gare. — Le train entre juste en gare.
2. Tu as bientôt vingt ans. — Tu as juste vingt ans.
3. L'avion décolle bientôt. — L'avion décolle juste.
4. Nous rentrons bientôt. — Nous rentrons juste.
5. Le match commence bientôt. — Le match commence juste.

5 Mettez le premier verbe au présent et le verbe suivant à l'infinitif :

(rentrer) Elle ***déjeune*** *chez elle.* → *Elle* ***rentre*** *déjeun**er** chez elle.*

1. *(vouloir)* Elle maigrit.
2. *(pouvoir)* Vous entrez.
3. *(devoir)* Tu vas chez le dentiste.
4. *(savoir)* Nous dansons.
5. *(aller)* Nous faisons un jeu.
6. *(préférer)* Ils vivent à la campagne.
7. *(aimer)* Il joue au tennis.
8. *(espérer)* Tu réussis.
9. *(venir)* Elles dorment ici.
10. *(sortir)* Je poste une lettre.

6 Utilisez le verbe entre parenthèses pour faire la phrase :

1. Le bébé pleure. *(être en train de)*
2. Il pleut. *(commencer à)*
3. Tu peins ta chambre. *(finir de)*
4. Je mets le couvert. *(être en train de)*
5. Ils font du bruit. *(continuer à)*
6. Vous écrivez. *(être en train de)*

7 Mettez au présent un verbe qui convient pour le sens et finissez la phrase :

Avoir envie de. Avoir besoin de. Avoir peur de.
Je vais chez le coiffeur. → ***J'ai besoin d'****aller chez le coiffeur.*

1. Nous buvons du beaujolais.
2. Vous faites de la monnaie.
3. Ils ratent leur avion.
4. Elle prend une douche.
5. On vieillit.
6. Je retire de l'argent.

8 Construisez la phrase et mettez au présent :

les enfants / le clown / faire rire. → ***Le clown fait rire les enfants.***

1. une maison / ils / faire construire.
2. tu / le médecin / faire venir.
3. le soleil / les fruits / faire mûrir.
4. du temps / l'ordinateur / faire gagner.
5. le bébé / la mère / laisser dormir.
6. le vélo / tu / laisser passer.
7. la voiture / nous / voir partir.
8. l'autobus / je / voir arriver.
9. elle / dans la rue / entendre chanter.
10. l'eau / vous / entendre couler.

9

A/ Complétez les expressions impersonnelles. Mettez la bonne lettre dans la case de droite :

A. Il faut ...	☐	voir les yeux fermés.
B. Il vaut mieux ...	☐	fumer dans les lieux publics.
C. Il est impossible de ...	☐	manger pour vivre.
D. Il est interdit de ...	☐	bien parler le français.
E. Il est difficile de ...	☐	être en bonne santé.

B/ Faites une phrase sur le modèle de l'exercice précédent :

1. Il est possible de ...
2. Il est nécessaire de ...
3. Il est obligatoire de ...
4. Il vaut mieux ...
5. Il est facile de ...

10 Complétez les phrases avec un infinitif :

1. Tu aimes ...
2. Il veut ...
3. Il ne faut pas ...
4. Vous pouvez ...
5. Je ne sais pas ...
6. Nous allons ...
7. Il fait ...
8. Ils détestent ...
9. Tu laisses ...
10. J'entends ...
11. Elle est en train de ...
12. Je n'ai pas besoin de ...
13. Il a peur de ...
14. Je finis de ...
15. Nous continuons à ...
16. Vous commencez à ...
17. Ils viennent de ...
18. J'ai envie de ...
19. Il est agréable de ...
20. Il est amusant de ...

11 Remplacez les ... par l'un des verbes suivants au présent : *aimer, adorer, aller, avoir besoin, avoir envie, commencer, détester, falloir, préférer, vouloir.*

Astrid ... beaucoup téléphoner. Au téléphone, elle est vraiment naturelle, elle ... raconter sa vie ou parler de la pluie et du beau temps pendant des heures.
Parfois, elle ... d'avoir une discussion importante avec une amie. Pour cela, elle ... d'être assise dans un bon fauteuil : elle ... rester debout. Elle ... d'abord fermer la porte, car elle ... être seule, elle ne ... pas être dérangée. Puis, elle ... à bavarder. Pour téléphoner à Astrid, il ... être patient, son numéro est toujours occupé !

N.B. Voir aussi le chapitre 13 sur le futur, le chapitre 22 sur les prépositions, et le chapitre 19 sur les pronoms personnels.

7

Les adjectifs et les pronoms démonstratifs

SOMMAIRE

1-2	Adjectifs démonstratifs.
3-4	Pronoms démonstratifs.
5	RÉVISION.
6	Pronoms ce ou ça.

1 Remplacez les ... par l'adjectif démonstratif qui convient :

ce *jardin* ***cet*** *arbre* ***cette*** *fleur*	***ces*** *jardins* ***ces*** *arbres* ***ces*** *fleurs*

A/ Il regarde ... tableau,
... affiches,
... objet,
... sculpture.

Elle écoute ... chanson,
... opéra,
... radio,
... disques.

B/
1. Je n'achète jamais de géraniums ; je déteste ... fleurs.
2. Il a besoin d'un dictionnaire ; il ne comprend pas ... mots.
3. ... année, ils vont souvent en Italie. En ... moment, ils sont à Venise.
4. ... après-midi, je dois faire des courses ; ... soir, j'ai des invités.
5. ... matin, il gèle ; ... hiver, il fait vraiment froid.

C/

ce *livre-**ci***	***ces*** *livres-**ci***

1. De ... côté-... de la rue, il n'y a pas de boutiques.
2. Le carnaval de Rio commence ... mois-...
3. ... jours-..., il pleut beaucoup.
4. Il n'y a plus de pain et à ... heure-... , tous les magasins sont fermés !
5. Je téléphone, et ... fois-... je fais le bon numéro.

D/

ce *livre-**là***	***ces*** *livres-**là***

1. ... homme-... est désagréable.
2. ... gens-... ont l'air bizarre.
3. À ... vitesse-... , nous allons arriver en avance.
4. À ... prix-... , ce n'est pas cher !
5. Je surveille les enfants, pendant ... temps-... , tu dors.

2 Mettez les phrases au singulier :

1. Ces affiches sont belles.
2. Nous voulons lire ces articles.
3. Ces magasins sont ouverts le dimanche.
4. Ces chirurgiens opèrent dans ces hôpitaux.
5. Ces machines à laver ne marchent pas.

3 Écrivez le pronom démonstratif qui convient :

A/

celui ***celle***	***ceux*** ***celles***

1. Je peux porter *la valise* de Pauline, mais ... de Séverine est trop lourde.
2. Ce n'est pas *la voix* de Martin, c'est ... de Marc.
3. Toi, tu prends *le vélo* d'Eric, moi, je prends ... de Tony.
4. *Ces lunettes* ne sont pas ... d'Annie.
5. On appelle *les passagers* du vol pour Sydney et ... du vol pour Singapour.

B/

1. Cette voiture n'est pas ... *(de)* ... docteur.
2. Je connais le numéro de téléphone de la police, mais j'oublie toujours ... *(de)* ... pompiers.
3. Il prend les clés de la maison, mais il oublie ... *(de)* ... garage.
4. J'aime les pains au chocolat de cette boulangerie, mais pas ... *(de)* ... supermarchés.
5. Ce quartier est trop calme ; je préfère ... *(de)* ... grands magasins.

4 Écrivez le pronom démonstratif qui convient :

celui-ci ***celle-ci*** ***celui-là*** ***celle-là***	***ceux-ci*** ***celles-ci*** ***ceux-là*** ***celles-là***

Voici deux lettres :
→ *... vient de Rome, ... vient de Londres.*
Voici deux lettres :
→ ***celle-ci*** *vient de Rome,* ***celle-là*** *vient de Londres.*

1. Il ne faut pas prendre la mauvaise route : ... va vers le Sud, ... va vers le Nord.
2. Ces groupes de rock sont très bons : ... sont anglais, ... sont américains.
3. Ces deux menus ont l'air excellents, ... avec du saumon, ... avec des huîtres.
4. Je viens d'acheter deux croissants. ... est au beurre, ... est aux amandes.
5. Ces chansons paraissent très jolies : ... sont coréennes, ... sont suédoises.

5

A/ Mettez les phrases au pluriel :

1. Ce spectateur rit beaucoup, celui-là ne rit pas.
2. Ce cheval gagne la course, celui-là arrive le dernier.
3. Cette porte est celle de la chambre.
4. Je n'aime pas ce film-là, je préfère celui de Woody Allen.
5. Tu choisis une carte postale : celle-ci ou celle-là.

B/ Mettez les phrases au singulier :

1. Ces rues sont étroites, celles-là sont larges.
2. Ces photographies sont celles de Robert Doisneau.
3. Ces montres retardent, celles-ci avancent.
4. Ces ordinateurs sont ceux des secrétaires.
5. Ces costumes ? Ce sont ceux des comédiens.

C/ *cet* ou *cette* ?

1. Il n'habite pas à **...** adresse.
2. **...** hiver, il ne fait pas froid.
3. Tu connais **...** histoire.
4. **...** année, il va finir ses études.
5. **...** enfant a peur de **...** homme.
6. **...** idée me plaît beaucoup.
7. **...** arbre paraît petit devant **...** immeuble.
8. **...** architecte bâtit **...** maison.
9. À **...** étage, tu as une belle vue sur Paris ;
10. Admires-tu **...** acteur ou **...** actrice ?

6

Remplacez les ... par les pronoms *ce (c')* ou *ça* (le texte est en langue familière) **:**

– Allô ! **...** est toi, **...** va ?
– Oui, et toi ?
– Moi, **...** va bien. Tu sais, ma fille Julie se marie.
– Ah, **...** alors, et avec qui ?
– Avec un gros banquier.
– Rien que **...** !
– Oui, tu sais, **...** est toujours comme **...** , les enfants partent, **...** est la vie !
– Et à part **...** ? Tu es contente ?
– Comme-**...** comme-**...** , **...** dépend des jours et puis **...** m'est égal. Et toi ?
– Moi, **...** y est, **...** est fini, je quitte mon boulot.
– Mais, pourquoi ?
– **...** ne m'intéresse plus, **...** suffit.
– Tu vas chercher un nouveau travail ?
– **...** , **...** est sûr, mais **...** est difficile à trouver !

8

Les adjectifs et les pronoms possessifs

SOMMAIRE

1-2-3	L'adjectif possessif.
4-5	Le pronom possessif.
6-7	RÉVISION.

1 Remplacez les ... par l'adjectif possessif qui convient :

mon, ma, mes	***notre, nos***
ton, ta, tes	***votre, vos***
son, sa, ses	***leur, leurs***

1. Moi, je mets **...** manteau, **...** jupe, **...** gants.
2. Toi, tu aimes **...** mère, **...** père, **...** frères.
3. Lui (ou elle), il (ou elle) prend **...** bicyclette, **...** train, **...** patins à glace.
4. Nous, nous ne faisons pas **...** travail, **...** thèse, **...** exercices.
5. Vous, vous rentrez dans **...** studio, **...** maison, **...** chambres.
6. Eux (ou elles), ils (ou elles) écrivent à **...** cousins, **...** oncle, **...** tante.

⚠ *J'ai **une** idée. → C'est **mon i**dée.*
*Tu as **une** opinion. → C'est **ton o**pinion.*
*Il a **une** adresse. → C'est **son a**dresse.*

1 J'ai une écharpe, c'est **...** écharpe.
2 Tu es dans une agence de tourisme, c'est **...** agence.
3 Il remplit une assiette, c'est **...** assiette.
4 Tu commandes une omelette, c'est **...** omelette.
5 La lampe est tombée, **...** ampoule est cassée.

2

A/ Faites la phrase avec le nom indiqué. Mettez *son* ou *ses* :

1. *(chaussures)* Il enlève ... ...
2. *(numéro)* Tu connais ... ... de téléphone.
3. *(fils)* Il joue au tennis avec ... ...
4. *(affaires)* ... ... marchent bien.
5. *(bagages)* Elle fait ... ...

B/ Faites la phrase avec le nom indiqué. Mettez *leur* ou *leurs* :

1. *(vacances)* Ils parlent de ... ...
2. *(travail)* Elles font bien ... ...
3. *(temps)* Le dimanche, ils passent ... ... dehors.
4. *(journée)* Ils organisent ... ... avant de sortir.
5. *(informations)* Les journalistes vérifient ... ...

C/ Mettez *son*, *ses*, *leur* ou *leurs* devant le nom indiqué :

1. *(adresse)* Les Delarue ? J'oublie toujours ... ...
2. *(habitudes)* Les personnes âgées ont ... ...
3. *(propriétaire)* Ils connaissent mal ... ...
4. *(parents)* Il n'écrit pas à ... ...
5. *(portrait)* Le peintre regarde Alix. Il fait ... ...
6. *(amis)* Elles remercient ... ...
7. *(avis)* Il nous explique la situation : à ... ... , il faut être prudent.
8. *(voiture)* L'été, ils prennent souvent ... ...
9. *(métier)* Elle travaille et elle aime ... ...
10. *(ciseaux)* Il vient de faire tomber ... ...

3

A/ Mettez le sujet et le verbe au pluriel et adaptez la phrase :

1. Elle nettoie son salon, sa cuisine et ses chambres. → Elles ...
2. Tu promènes ton bébé, tes enfants et ta chienne. → Vous ...
3. J'enlève ma veste, mon imperméable et mes bottes. → Nous ...

B/ Mettez le sujet et le verbe au singulier :

1. Vous écoutez vos disques, votre radio, votre air préféré. → Tu ...
2. Nous partons camper : nous emportons notre tente, notre sac à dos, nos grosses chaussures. → Je ...
3. Elles ouvrent leur album de photos, elles racontent leurs souvenirs de vacances. → Elle ...

4

A/ Faites la transformation comme dans l'exemple :

le mien, la mienne	***les miens, les miennes***
le tien, la tienne	***les tiens, les tiennes***
le sien, la sienne	***les siens, les siennes***
le (la) nôtre	***les nôtres***
le (la) vôtre	***les vôtres***
le (la) leur	***les leurs***

Ce sont mes skis → *ce sont* ***les miens****.*

1. C'est mon quartier ; c'est **...**
   C'est ma rue ; c'est **...**
   Ce sont mes voisins ; ce sont **...**
2. C'est ton pays ; c'est **...**
   C'est ta ville ; c'est **...**
   Ce sont tes souvenirs ; ce sont **...**
3. C'est son immeuble ; c'est **...**
   C'est sa maison ; c'est **...**
   Ce sont ses meubles ; ce sont **...**
4. C'est notre médecin ; c'est **...**
   C'est votre pharmacien ; c'est **...**
   C'est leur avocat ; c'est **...**
5. Ce sont nos problèmes ; ce sont **...**
   Ce sont vos ennuis ; ce sont **...**
   Ce sont leurs difficultés ; ce sont **...**
6. C'est son histoire ; c'est **...**
   Ce sont ses affaires ; ce sont **...**
   Ce sont leurs affaires ; ce sont **...**

B/ Répondez avec un pronom possessif :

À qui est ***cette*** *clé ? À* ***toi****.* → *C'est* ***la tienne****.*

1. À qui est ce sac ? À elle. C'est **...**
   À lui. C'est **...**
   À moi. C'est **...**
2. À qui est cette valise ? À vous. C'est **...**
   À eux. C'est **...**
   À toi. C'est **...**
3. À qui sont ces vélos ? À nous. Ce sont **...**
   À elles. Ce sont **...**
   À eux. Ce sont **...**
4. À qui sont ces photos ? À moi. Ce sont **...**
   À lui. Ce sont **...**
   À toi. Ce sont **...**

5 Mettez le pronom possessif qui convient au sens de la phrase :

1. Ils ont leur vie, j'ai **... ...**
2. Vous connaissez ma famille, je ne connais pas **... ...**
3. J'aime bien ses disques, mais je préfère **... ...**
4. Tu exagères, ce n'est pas de ma faute, c'est de **... ...**
5. Nous sommes avec nos amis, nos parents sont avec **... ...**

6. Toi, tu paies ton loyer, eux, ils ne paient pas ... ...
7. Je n'ai pas mes lunettes, mais vous avez ... ...
8. Ma chambre est au quatrième étage. Et eux, à quel étage est ... ...?
9. Vous prenez votre avion, nous prenons ... ...
10. De ma fenêtre, je vois le Panthéon. De ... ..., il voit Montmartre.

6 Remplacez les ... par un adjectif ou un pronom possessif :

Christophe et Valérie parlent :

« Comment sont ... parents ?

– Ils sont jeunes ; ... père a trente-six ans et ... mère en a trente.

– ... ... sont plus âgés et, en plus, ... grands-parents sont très vieux. Et ... ...?

– Je ne connais pas ... . Ils sont morts. Mais où habites-tu ?

– Moi, j'habite en banlieue, mais je n'aime pas beaucoup ... quartier. Et toi ?

– ... appartement est à Paris, mais ... maison de campagne est en Normandie. Nous passons ... week-ends là-bas. Parfois j'invite ... amis, tu veux venir ? Et puis, tu sais, ... voisins sont très gentils ; ... enfants jouent souvent avec nous. Et ils invitent aussi ... copains. Alors avec ... ... et ... ... , cela fait une bande énorme ! »

7

A/ *ces* ou *ses* ?

1. Il prépare ... valises.
2. Il part en vacances ... jours-ci.
3. Il sort avec ... copains.
4. Il oublie souvent ... clés.
5. ... clés ne sont pas à moi.
6. Il va finir ... études.
7. ... phrases sont trop difficiles.
8. Il raconte souvent ... souvenirs.
9. Elle parle de ... problèmes.
10. Nous rencontrons parfois ... gens-là.

B/ Mettez les phrases au pluriel :

1. Cet enfant ? C'est mon fils.
2. Cette lettre est pour mon voisin.
3. Cet homme n'est pas ton ami.
4. Ce portrait ressemble à son modèle.
5. Cette maison plaît à son locataire.
6. Cette robe ne vaut pas son prix.
7. Il admire sa montre.
8. Leur ami possède ce cheval de course.
9. C'est un cadeau de sa sœur.
10. Il rapporte ce jeu pour ses neveux.

C/ Trouvez l'adjectif démonstratif ou possessif :

1. Le petit garçon choisit ... jeu. C'est ... jeu préféré.
2. Stéphanie veut gagner ... match. Il est important pour ... carrière.
3. ... bandes dessinées plaisent aux jeunes et à ... parents.
4. Nous aimons ... émission. C'est ... émission favorite.
5. Dans ... réunion, vous pouvez donner ... opinion, et faire ... critiques.

9

Les adverbes

SOMMAIRE

1	Formation des adverbes.
2-3-4	Emploi des adverbes.
5	*Seulement* ou *ne... que*.
6	Adverbes et leur contraire, RÉVISION.

1

A/ Écrivez l'adjectif au féminin puis ajoutez *-ment* pour former l'adverbe :

*spécial → spéciale → spécial**ement**.*

1. certain	5. facile	9. complet	13. lent
2. normal	6. naturel	10. entier	14. sûr
3. rare	7. seul	11. léger	15. doux
4. rapide	8. heureux	12. premier	16. réel

B/ Formez l'adverbe, comme dans l'exemple :

*réc<u>ent</u> → réc**emment** / suffis<u>ant</u> → suffis**amment***

1. patient 2. évident 3. violent 4. prudent 5. courant 6. méchant

⚠ *vrai → vrai**ment** / absol**u** → absol**u**ment / énorm**e** → énorm**é**ment / profond → profond**é**ment*

2

Complétez les phrases en formant un adverbe :

1. Tu es sérieux. Tu travailles ...
2. Il est patient. Il écoute ...
3. Cet homme est discret. Il agit ...
4. Ton exposé est très clair. Tu parles ...
5. Cet article est parfait. Il décrit ... la situation.

3

Placez les adverbes dans la phrase :

*(Presque) Il est huit heures. → Il est **presque** huit heures.*

1. *(bien)* Tu joues au football.
2. *(mal)* Elle comprend cette phrase.
3. *(vite)* La voiture roule sur la route.
4. *(souvent)* Ils ne vont pas à la piscine.
5. *(bientôt)* Il revient chez lui.
6. *(beaucoup)* Il aime les fleurs.
7. *(tout à fait)* Elle est d'accord.

8. *(vraiment)* J'ai besoin de vacances.
9. *(trop)* Ils regardent la télévision.
10. *(très)* Elle parle bien et elle est jolie.

4 **Complétez les phrases par un adverbe** (attention, l'adverbe est invariable) :

À Paris, les fleurs sont ***chères****.* (adjectif)
Les fleurs coûtent ... → *Les fleurs coûtent* ***cher****.* (adverbe)

1. La vie est **dure** pour toi, mais tu travailles **...**
2. Je parle à voix **basse** : je parle très **...**
3. Elle appelle d'une voix **forte** : elle crie **...**
4. C'est une journée **chaude** : il fait **...**
5. Ces gâteaux paraissent **bons**, ils sentent **...**

5 Imitez les modèles pour écrire l'une des deux phrases :

J'utilise ***seulement*** *ce dictionnaire.* → *Je* ***n'****utilise* ***que*** *ce dictionnaire.*

1. Ils ont un enfant.
2. Elle mange une salade verte.
3. Vous prenez huit jours de congé.
4. Il y a vingt francs dans ma poche.
5. Tu penses à lui.

6

A/ Donnez le contraire des adverbes dans les phrases :

1. Il travaille bien en classe.
2. Il marche devant.
3. D'habitude, tu parles beaucoup.
4. Pour moi, le temps passe vite.
5. Le Louvre ? Ce n'est pas très près.
6. Nous allons souvent chez eux.
7. Il arrive tôt à son travail.
8. En ce moment, vous travaillez moins.
9. Il téléphone avant.
10. Y a-t-il des voisins au-dessus ?

B/ Transformez les adjectifs en adverbes puis placez-les dans les phrases :

difficile – courant – énorme – prudent – poli – fréquent – léger – patient – rare – profond.

1. Antonio parle **...** le français, mais Peter comprend **...**
2. Tu as des qualités : tu conduis **...** , tu écoutes **...** , et tu réponds **...**
3. Mais, tu as un défaut : tu fumes **...**
4. Moi, je dors **...** , mais mon mari dort **...**
5. Nous sortons **...** , mais nos amis sortent **...**

10

L'interrogation et l'exclamation

SOMMAIRE

1	*Est-ce que c'est ? Est-ce ? Est-ce qu'il est ? Est-il ? Est-ce que...*
2	*Est-ce qu'il y a ? Y a-t-il ? Est-ce que vous avez ? Avez-vous ?*
3	RÉVISION.
4	*Qu'est-ce que c'est ? Qui est-ce ?*
5	*Que ? Qu'est-ce que ? Qu'est-ce qui ?*
6	*Qui ? Qui est-ce qui ? Qui est-ce que ?*
7	RÉVISION.
8	Préposition devant *qui* et *quoi*.
9	*Où ? D'où ?*
10	*Comment ? Pourquoi ? Combien ? Combien de ?*
11	*Quand ? Depuis quand ? Jusqu'à quand ? Depuis combien de temps ?*
12	RÉVISION.
13	*Quel, quelle, quels, quelles ?* Préposition devant *quel*.
14	*Lequel, laquelle, lesquels, lesquelles ?*
15-16	RÉVISION.
17	L'exclamation : *que* ou *comme, quel, quelle, quels, quelles !*

1 Posez la question. Choisissez une des trois formes :

A/

Oui, c'est un exemple : → ***Est-ce que*** *c'est un exemple ?* (langue courante)
→ ***Est-ce*** *un exemple ?* (langue élégante)
→ *C'est un exemple ?* (langue familière)

1. Oui, c'est une bonne nouvelle.
2. Oui, c'est l'avion pour Berlin.
3. Oui, c'est la cousine d'Angela.
4. Oui, c'est la seule solution.
5. Oui, Lille, c'est dans le Nord de la France.
6. Oui, c'est le dernier jour.

B/

Oui, il est heureux. → ***Est-ce qu'****il est heureux ?*
→ ***Est-il*** *heureux ?*
→ *Il est heureux ?*

1. Oui, il est informaticien.
2. Oui, je suis célibataire.
3. Oui, elle est productrice.
4. Oui, elles sont en retard.
5. Oui, nous sommes en avance.
6. Oui, ils sont contents.

C/ *Oui, les voyageurs sont dans l'aéroport.* → ***Est-ce que*** *les voyageurs sont dans l'aéroport ?*
→ *Les voyageurs* ***sont-ils*** *dans l'aéroport ?*
→ *Les voyageurs sont dans l'aéroport* ***?***

1. Oui, le vol est annulé.
2. Oui, l'hôtesse est souriante.
3. Oui, le bar est ouvert.
4. Oui, les passagers sont en transit.
5. Oui, les avions sont à l'heure.
6. Oui, le pilote est là.

D/ Posez la question et répondez :

Tu pars en vacances. → ***Est-ce que*** *tu pars en vacances ?*
→ ***Pars-tu*** *en vacances ?*
→ *Oui, je pars en vacances.*

1. Tu sors ce soir.
2. Vous prenez l'ascenseur.
3. Tes sœurs viennent à Paris.
4. Tu aimes beaucoup les voyages.
5. Alexandre peut venir avec moi.
6. Vous buvez de la vodka.

2 Posez la question. Choisissez une des trois formes :

Il y a un train.
→ ***Est-ce qu'****il y a un train ?*
→ ***Y a-t-il*** *un train ?*
→ *Il y a un train* ***?***

Vous avez l'horaire.
→ ***Est-ce que*** *vous avez l'horaire ?*
→ ***Avez-vous*** *l'horaire ?*
→ *Vous avez l'horaire ?*

1. Il y a un pilote dans l'avion.
2. Elle a une grosse valise
3. Il y a un départ pour Lisbonne à onze heures.
4. Tu as une carte d'embarquement.
5. Il y a encore des places non-fumeurs.

3 Posez la question sous deux formes différentes :

1. Marion est dans la salle d'attente.
2. L'équipage est au complet.
3. Ils veulent regarder le film.
4. Vous avez peur en avion.
5. C'est agréable de voler en Concorde.

4 Posez la bonne question :

C'est du dentifrice. → ***Qu'****est-ce que c'est ?*

1. C'est un très joli cadeau.
2. C'est mon père.
3. C'est M. Gédéon.
4. C'est une petite surprise.
5. C'est un livre d'histoire.

C'est Éva. → ***Qui*** *est-ce ?*

6. C'est le facteur.
7. C'est un bon roman.
8. C'est sa meilleure amie.
9. Ce sont des fruits.
10. Ce sont des gants.

5

A/ Posez la question. Choisissez une forme :

Je prends ***un médicament****.* → ***Qu'est-ce que*** *tu prends ?*
→ ***Que*** *prends-tu ?*

1. Je fais un dessin.
2. Elle raconte sa soirée.
3. J'écoute un disque.
4. Il veut un vin chaud.
5. Nous buvons du champagne.
6. Vous dites des bêtises.

B/ Posez la question et donnez la réponse :

L'amitié *est importante pour les jeunes.* → ***Qu'est-ce qui*** *est important pour les jeunes ?*
→ *C'est l'amitié.*

1. Le pain frais sent très bon.
2. Le miel attire les mouches.
3. Les étoiles brillent dans la nuit.
4. Les gâteaux font grossir.
5. Le confort est agréable dans cet hôtel.
6. La nuit fait peur aux enfants.

C/ Remplacez les ... par *qui* ou *que* :

1. Qu'est-ce ... tu fais comme sport ?
2. Qu'est-ce ... ne va pas ?
3. Qu'est-ce ... il y a comme film ?
4. Qu'est-ce ... tu préfères ?
5. Qu'est-ce ... fait plaisir à ta belle-mère ?
6. Qu'est-ce ... brûle ?

6

A/ Posez la question sous deux formes différentes et répondez :

soigner les dents. → ***Qui*** *soigne les dents ?*
→ ***Qui est-ce qui*** *soigne les dents ?* } → *C'est le dentiste.*

1. Couper les cheveux.
2. Faire le pain.
3. Réparer les voitures.
4. Conduire un autobus.
5. Distribuer le courrier.
6. Vendre des livres.
7. Peindre des tableaux.
8. Payer le loyer.
9. Écrire dans un journal.
10. Diriger un orchestre.

B/ Posez la question sous deux formes différentes et répondez :

aider → ***Qui*** *aides-tu ?*
→ ***Qui est-ce que*** *tu aides ?* } → *J'aide mes frères.*

1. Connaître à Paris.
2. Appeler au téléphone.
3. Embrasser.
4. Attendre devant le théâtre.
5. Emmener au cinéma.
6. Vouloir rencontrer.

C/ Remplacez les points par *qui* ou *que* :

1. Qui est-ce ... parle ?
2. Qui est-ce ... tu regardes ?
3. Qui est-ce ... tu aimes ?
4. Qui est-ce ... joue aux cartes ?
5. Qui est-ce ... ils invitent à dîner ?
6. Qui est-ce ... chante ?

7

A/ Mettez *qui* ou *que* et donnez la réponse :

1. **...** est-ce qui tombe ? *(l'enfant)*
2. **...** est-ce qui tombe sur la montagne ? *(la neige)*
3. **...** est-ce qui manque dans la classe ? *(Sonia et Bruno)*
4. **...** est-ce qui manque sur la table ? *(les verres)*
5. **...** est-ce qui passe vite ? *(le temps)*

B/ Posez la question avec *qui est-ce qui* ou *qu'est-ce qui* et le verbe indiqué :

1. C'est le vent dans les arbres, *(faire du bruit)*
2. C'est Sébastien, *(téléphoner)*
3. C'est la fumée de l'usine, *(sentir mauvais)*
4. Ce sont mes deux sœurs, *(arriver ce soir)*
5. Ce sont Patrick et Julien, *(jouer de la guitare)*

C/ Posez la question avec *qui est-ce que* ou *qu'est-ce que* :

1. Je cherche Amélie. *(chercher)*
2. J'écoute de la musique de Bach. *(écouter)*
3. Ici, je connais Steve et Christina. *(connaître)*
4. J'écris une lettre à mes parents. *(écrire)*
5. Je conduis les enfants à l'école. *(conduire)*

8 Posez la question. Choisissez une forme interrogative :

A/

Elle rêve ***de*** *Jean.*
→ ***De qui est-ce qu'****elle rêve ?* ***De qui*** *rêve-t-elle ?*

1. Je téléphone à mon médecin.
2. Ils pensent à leurs amis.
3. Nous parlons de Julien.
4. Il habite chez une amie.
5. Sophie se marie avec Denis.

B/

Il rêve ***à*** *son futur bateau.*
→ ***À quoi est-ce qu'****il rêve ?* ***À quoi*** *rêve-t-il ?*

1. Il joue au ballon.
2. Nous parlons de la soirée d'hier.
3. C'est en coton.
4. Elle est assise devant la fenêtre.
5. Le bébé tombe sur le tapis.

9 Posez la question avec *où* ou bien *d'où* :

A/

Nous allons ***à la piscine****.*
→ ***Où est-ce que*** *vous allez ?* ***Où*** *allez-vous ?*

1. J'habite à Rome.
2. Nous allons dîner au restaurant.
3. Il va sur la terrasse.
4. Je mets la clé de la voiture dans ma poche.
5. Je range mes chaussures sous mon lit.
6. Il sort de la poste.
7. Elle revient du Japon.

B/ Posez la question comme le modèle :

C'est ***en Espagne****.* → ***Madrid, où est-ce que*** *c'est ?* ***Madrid, où*** *est-ce ?* → ***Où*** *est Madrid ?*

1. C'est en Chine.
2. C'est au Liban.
3. C'est aux États-Unis.

10 Trouvez la question qui correspond à la réponse :

A/

Je vais bien, merci !
→ ***Comment*** *vas-tu ?*

1. J'écris mal.
2. Je m'appelle Benoît.
3. Elle est belle et intelligente.
4. Il danse bien.
5. Nous rentrons en autobus.

B/

... parce qu'il fait froid.
→ ***Pourquoi*** *mets-tu ce gros manteau ?*

1. ... parce que je n'ai pas sommeil.
2. ... parce que je suis en retard.
3. ... parce qu'elle est fatiguée.
4. ... parce que c'est un beau pays.
5. ... parce que j'ai trop chaud.
6. ... parce que je ne comprends pas.

C/

Ce parfum coûte 300 F.
→ ***Combien*** *coûte ce parfum ?*

J'ai deux frères.
→ ***Combien de*** *frères as-tu ?*

1. Nous sommes dix à table.
2. Je dois 100 F à Catherine.
3. Ils ont cinq enfants.
4. Il y a cent mille habitants dans cette ville.
5. Nous louons notre studio 3 000 F par mois.

11 Posez la question. Choisissez une des formes interrogatives :

A/

Je rentre demain à Paris.
→ ***Quand** est-ce que tu rentres à Paris ?*
→ ***Quand** rentres-tu à Paris ?*

1. J'arrête de fumer lundi prochain.
2. Je vais chez le coiffeur demain matin.
3. Il doit revenir dans une semaine.
4. Elle finit ses études en juin.
5. Elles passent leurs examens en mai.

B/

Ils sont en Afrique depuis le 1er février.
→ ***Depuis quand** est-ce qu'ils sont en Afrique ?*
→ ***Depuis quand** sont-ils en Afrique ?*

1. Il est majeur depuis le 4 novembre.
2. Elle fait un régime depuis le mois d'avril.
3. Ils habitent ici depuis le début de l'année.
4. Il reste avec nous jusqu'à mardi.
5. Vous pouvez payer vos impôts jusqu'au 10 mars à minuit.

C/ Posez la question avec *depuis quand* ou *depuis combien de temps* :

Elle vit ici depuis deux ans.
→ ***Depuis combien de temps** vit-elle ici ?*
→ ***Depuis combien de temps** est-ce qu'elle vit ici ?*

1. Elle travaille dans cette librairie depuis le 1er octobre.
2. Elle travaille dans cette librairie depuis un an.
3. Ils sont en voyage depuis trois mois.
4. Ils sont en voyage depuis le 5 juillet.
5. Les deux champions jouent depuis une demi-heure.

12 Trouvez la question et la réponse :

Où	places y a-t-il ici ?	Demain
Quand	t'appelles-tu ?	À la poste
Comment	est-il à l'hôpital ?	Sarah
Depuis quand	vas-tu ?	Depuis lundi
Combien de	partez-vous ?	Trente

13 Posez la question avec *quel, quelle, quels, quelles* :

A/ *Numéro de téléphone. C'est 98 76 54 32.* → ***Quel** est ton numéro de téléphone ?*

1.	Heure.	Il est midi.
2.	Âge.	J'ai vingt ans.
3.	Parfum.	C'est « Dune » d'Yves Saint-Laurent.
4.	Couleurs.	Je préfère le bleu et le vert.
5.	Pointure.	C'est 38.

B/
1. **...** est ton prénom ?
2. De **...** nationalité sont-ils ?
3. **...** sont vos projets ?
4. Pour **...** raisons déménages-tu ?
5. À **...** adresse doit-on envoyer ce paquet ?

C/

1.	Heure.	Je finis **à** cinq heures.
2.	Pays.	Nous parlons **de** la Corée.
3.	Étage.	Elle habite **au** cinquième.
4.	Amies.	Elle part en vacances **avec** Sylvie et Agnès.
5.	Copains.	Il va **chez** Paul et Daniel.

14 Complétez la phrase avec le pronom qui convient *lequel, laquelle, lesquels, lesquelles*.

Voici trois chansons. ... préfères-tu ?
Voici trois chansons. → ***Laquelle** préfères-tu ?*

1. Il y a plusieurs routes. **...** faut-il prendre ?
2. Il y a cinq candidats. Pour **...** vas-tu voter ?
3. J'ai trop de vieux pulls. **...** est-ce que je jette ?
4. Parmi toutes ces valises, **...** sont les vôtres ?
5. **...** de ces deux trains va à Toulouse ?

15 Voici des phrases incorrectes. Posez les questions correctes :

Tu manges quoi ? → ***Qu'est-ce que** tu manges ?* ou ***Que** manges-tu ?*

1. C'est quoi ça ?
2. Tu vas où ?
3. Tu fais quoi ?
4. Elle part quand ?
5. Tu t'appelles comment ?
6. Tu dis ça pourquoi ?
7. Il travaille jusqu'à quand ?
8. Vous parlez de quoi ?
9. Tu téléphones à qui ?
10. C'est qui ?

16 Lisez le texte et retrouvez les formes interrogatives :

« Les grandes personnes aiment les chiffres. Quand vous leur parlez d'un nouvel ami, elles ne vous questionnent jamais sur l'essentiel. Elles ne vous disent jamais : « **...** est le son de sa voix ? **...** sont les jeux qu'il préfère ? Est-ce qu'il collectionne les papillons ? » Elles vous demandent : « **...** âge a-t-il ? **...** a-t-il de frères ? **...** pèse-t-il ? **...** gagne son père ? » Alors seulement elles croient le connaître. »

D'après A. de Saint-Exupéry, *Le Petit Prince*, Gallimard.

17 Formez une phrase exclamative avec *que* ou *comme* :

A/ *Il fait très chaud, ce soir.* → ***Qu'****il fait chaud, ce soir !*
→ ***Comme*** *il fait chaud... !*

1. Elle est très belle, cette fille.
2. Ils sont très sympathiques, tes amis.
3. Elle est très bruyante, cette machine.
4. Tu es très désagréable, aujourd'hui.
5. C'est difficile de parler français.

B/ Formez une phrase exclamative avec *quel, quelle, quels, quelles* :

Il peut porter 150 kilos. (homme)
→ ***Quel*** *homme !*

Tu as un bébé. (surprise)
→ ***Quelle*** *surprise !*

1. Nos amis viennent de partir. *(dommage)*
2. Il fait très beau. *(chance)*
3. Tu veux m'emmener au restaurant. *(bonne idée)*
4. Cette cravate est horrible. *(horreur)*
5. Je passe de très bonnes vacances. *(vacances)*

C/ Donnez la phrase exclamative correcte :

Qu'est-ce qu'on est bien chez toi !
→ ***Qu'****on est bien chez toi !* ou ***Comme*** *on est bien chez toi !*

1. Qu'est-ce que c'est bon !
2. Qu'est-ce qu'il est bête !
3. Qu'est-ce qu'il joue bien de la trompette !
4. Qu'est-ce qu'elle chante bien !
5. Qu'est-ce que tu conduis vite !

N.B. Voir aussi le chapitre 11 n° 11 sur l'interrogation négative, le chapitre 16 n° 15 sur le passé composé, le chapitre 29 sur le style indirect.

11

La négation

SOMMAIRE

1-2	*Ne ... pas.*
3	*Ne ... pas de. Ce n'est pas.*
4	RÉVISION.
5	*Ne ... pas encore, ne ... plus, ne ... jamais.*
6	*Pas du tout, plus du tout, non plus.*
7	*Ne ... ni ... ni.*
8	RÉVISION.
9	Forme négative de l'infinitif.
10	Préposition *sans* devant l'infinitif.
11	Réponse avec *oui* ou *si.*
12	RÉVISION.

1 Répondez à la forme négative :

*Est-ce que tu sors ? → Non, je **ne** sors **pas**.*

1. Est-ce que tu as faim ?
2. Est-ce que vous avez sommeil ?
3. Est-ce qu'il est malade ?
4. Est-ce que vous habitez à la campagne ?
5. Est-ce qu'il pleut ?

2 Mettez à la forme négative :

A/ *Il aime **le** jazz. → Il **n'**aime **pas le** jazz.*

1. Vous faites le marché.
2. Tu dis la vérité.
3. Elle comprend le problème.
4. Ils ont l'habitude de discuter.
5. J'ai le temps d'écrire une lettre.
6. Nous parlons le japonais.

B/ *Elle gagne bien* ***sa*** *vie.* → *Elle* ***ne*** *gagne* ***pas*** *bien* ***sa*** *vie.*

1. Il range ses affaires.
2. Je prends mon petit déjeuner.
3. Ils donnent leur avis.
4. Tu connais bien ta ville.
5. Vous aimez votre travail.
6. Tu prépares ton avenir.

C/ *Je lis* **ce** *journal.* → *Je* **ne** *lis* **pas ce** *journal.*

1. J'achète cet appareil-photo.
2. Tu crois cet homme.
3. Nous acceptons cette idée.
4. Vous payez ces factures.
5. Ils vont visiter ce château.
6. Elle aime ce jeu.

3 Mettez à la forme négative :

A/ *Elle a* ***un*** *visa*
→ *Elle* ***n'a pas de*** *visa.*

1. Tu fais une erreur.
2. Vous avez des projets.
3. Je demande un conseil.
4. Il y a une banque près d'ici.
5. Il pose une question.

B/ *Ils ont* ***de l'****argent.*
→ *Ils* ***n'****ont* ***pas d'****argent.*

1. Tu perds du temps.
2. Nous avons de la chance.
3. Vous faites des économies.
4. Il a de la volonté.
5. Il y a du soleil.

C/ ⚠ *C'est* ***un*** *bon hôtel.* → *Ce* ***n'****est* ***pas un*** *bon hôtel.*

1. C'est une idée nouvelle.
2. C'est de l'huile d'olive.
3. Ce sont des études difficiles.
4. C'est du cognac.
5. C'est un train direct.
6. C'est de la confiture de fraise.

4 Répondez à la forme négative :

1. Est-ce que tu veux un enfant ?
2. Est-ce que vous avez vos papiers ?
3. Est-ce qu'il y a du bruit ?
4. Est-ce que vous prenez des vacances ?
5. Est-ce qu'elle a de la patience ?
6. Est-ce que c'est une bonne actrice ?
7. Est-ce que tu écoutes la radio ?
8. Est-ce que tu connais ce musée ?
9. Est-ce que ce sont des soldes ?
10. Est-ce que tu perds ton temps ?

5 Mettez à la forme négative en imitant le modèle :

A/ *Tu as* ***déjà*** *un diplôme.* → *Tu* ***n'****as* ***pas encore*** *de diplôme.*

1. Il a déjà dix-huit ans.
2. Cet enfant parle déjà.
3. Elle est déjà couchée.
4. Il y a déjà des clients devant la porte.
5. Cet arbre est déjà en fleurs.

B/ *Il y a **encore** du vent.* → *Il **n'**y a **plus** de vent.*

1. J'ai encore faim.
2. Chantal est encore malade.
3. Vous faites encore des fautes.
4. Il est minuit. Il y a encore des lumières dans la rue.
5. Tu prends encore des médicaments.

C/ *Il est **toujours** content.* → *Il **n'**est **pas toujours** content.*
→ *Il **n'**est **jamais** content.*

1. Ici, la circulation est toujours facile.
2. Je rentre toujours à pied.
3. Tu dis toujours la vérité.
4. Vous êtes toujours en retard.
5. Nous avons toujours envie de travailler.

D/ *Vous faites **souvent** des photos.* → *Vous **ne** faites **pas souvent** de photos.*
→ *Vous **ne** faites **jamais** de photos.*

1. Ils vont souvent au théâtre.
2. Tu es souvent d'accord avec moi.
3. Vous posez souvent des questions.

E/ *Il téléphone **parfois (quelquefois)** très tard.*
→ *Il **ne** téléphone **jamais** très tard.*

1. Elle va parfois seule au restaurant.
2. J'oublie quelquefois mes rendez-vous.
3. Ils louent quelquefois une voiture.

6

A/ Donnez une réponse négative en suivant le modèle :

Avez-vous (très) soif ? → *Non, **pas du tout**.*	*Avez-vous encore soif ?* → *Non, **plus du tout**.*
1. Est-ce que tu as mal ?	Est-ce que tu as encore mal ?
2. Est-ce qu'il neige ?	Est-ce qu'il neige encore ?
3. Est-il très en colère ?	Est-il encore en colère ?

B/ Mettez à la forme négative en suivant le modèle :

*Je parle espagnol. Et toi ? Moi **aussi**.*
→ *Je **ne** parle **pas** espagnol. Et toi ? Moi **non plus**.*

1. J'ai de la monnaie. Et toi ? Moi aussi.
2. Elle comprend bien le français. Et lui ? Lui aussi.
3. Vous connaissez ce pays. Et eux ? Eux aussi.

7 Répondez aux questions selon le modèle :

A/ *Aimes-tu **les** brioches et **les** croissants ? → Je **n'aime ni les** brioches **ni les** croissants.*

1. Aimes-tu le jazz et la musique classique ?
2. Achetez-vous ce tableau ou cette sculpture ?
3. Est-ce que tu mets ta cravate ou ton noeud papillon ?

B/ *Manges-tu **une** brioche ou **un** croissant ? → Je **ne** mange **ni** brioche **ni** croissant.*

1. As-tu un frère ou une sœur ?
2. Bois-tu du vin ou de la bière ?
3. Écoutes-tu du jazz ou de la musique classique ?

C/ ⚠ *Est-ce **un** homme ou **une** femme ? → **Ce n'est ni un** homme **ni une** femme, c'est un enfant.*

1. Est-ce ton frère ou ta sœur ?
2. Est-ce la gare du Nord ou la gare de l'Est ?
3. Est-ce du cognac ou de la vodka ?

8 Choisissez une réponse négative :

Non, plus du tout / pas toujours / jamais / pas du tout / pas encore.

1. Dort-elle déjà ?
2. Pleure-t-il encore ?
3. Es-tu fatigué ?
4. Es-tu encore fatigué ?
5. Fait-il toujours beau ici ?
6. Est-ce qu'il neige parfois ici ?
7. Travailles-tu toujours le dimanche ?
8. Travailles-tu parfois le dimanche ?
9. Avez-vous mal aux dents ?
10. Avez-vous encore mal aux dents ?

9 Mettez l'infinitif à la forme négative :

A/ *Elle préfère – voyager seule. → Elle préfère **ne pas voyager** seule.*

1. Tu détestes – comprendre.
2. Elle espère – perdre son travail.
3. Il vaut mieux – trop réfléchir.
4. J'aime mieux – arriver en retard.
5. Ils souhaitent – rater leur train.

B/ *Vous ne faites pas d'erreurs. Vous êtes sûrs de ... → Vous êtes sûrs de **ne pas faire** d'erreurs.*

1. Je ne mens pas. J'essaie de **...**
2. Tu ne vois pas tes parents. Tu es triste de**...**
3. Nous ne connaissons pas ce pays. Nous regrettons de..
4. Elle ne grossit plus. Elle est contente de**...**
5. Vous n'avez pas de nouvelles de Luc. Vous êtes inquiets de**...**

10 Utilisez la préposition *sans* pour réunir les deux phrases :

Elle entre et elle ne frappe pas. → *Elle entre* ***sans*** *frapper.*

1. Il part et il ne paie pas.
2. Je réponds et je n'hésite pas.
3. Ils obéissent et ils ne discutent pas.
4. Elles arrivent et elles ne préviennent pas.
5. Tu joues et tu ne triches pas.

11 Donnez une réponse affirmative :

Est-ce que tu as soif ? → ***Oui****, j'ai soif.*
Est-ce que tu n'as pas soif ? → ***Si****, j'ai soif.*

1. Est-ce que vous n'avez pas peur ?
2. Est-ce que tu es amoureux ?
3. Est-ce qu'elle ne chante pas faux ?
4. Est-ce que vous n'êtes pas jaloux ?
5. Est-ce qu'ils font du cheval ?
6. Est-ce que vous ne partez pas ?

12 Mettez le texte à la forme négative :

Il est beau, il a l'air intelligent.
Il a des idées.
Il a du charme et du talent.
Il est très élégant.
Il est encore très jeune.
Il est toujours content.
Il a déjà une situation.
Il voyage souvent.
C'est un garçon intéressant !

N.B. Voir aussi le chapitre 12 n°s 2, 3, 4, 5, 8, 12 sur les indéfinis et le chapitre 16 n° 15 sur le passé composé.

12

Les indéfinis, pronoms et adjectifs

SOMMAIRE

1	*On.*
2	*Quelqu'un, ne ... personne, personne ... ne.*
3	*Quelque chose, ne ... rien, rien ... ne, ne ... pas grand chose.*
4	*Quelque chose de, ne ... rien de, quelqu'un de, ne ... personne de.*
5	RÉVISION.
6	*Plusieurs, quelques, quelques-un(e)s, la plupart.*
7	*Chaque, chacun, chacune.*
8	*Ne ... aucun, ne ... aucune.*
9	*Un (une) autre, d'autres, quelques-un(e)s ... d'autres...*
10	*L'un(e) ... l'autre ..., les un(e)s ... les autres..., de l'autre, des autres.*
11	RÉVISION.
12	*Quelque chose d'autre, ne ... rien d'autre, quelqu'un d'autre, ne ... personne d'autre.*
13	*Quelque part, autre part, ailleurs, ne ... nulle part.*
14-15	RÉVISION.
16	*Tout, toute, tous, toutes.* Adjectif.
17	*Tout, tous, toutes.* Pronom.
18	*Tout, toute, toutes.* Adverbe.
19	RÉVISION.
20	*Tout le monde, chacun, personne.*
21	*Le même, la même, les mêmes.*
22	RÉVISION GÉNÉRALE.

1 Mettez le pronom sujet *on* et mettez le verbe au présent (3e personne du singulier) :

Dans un hôpital, ... ne (devoir) pas faire de bruit.
→ *Dans un hôpital,* ***on*** *ne* ***doit*** *pas faire de bruit.*

1. **...** *(frapper)* à la porte.
2. Ici, **...** *(parler)* l'anglais, l'allemand et le japonais.
3. **...** ne *(pouvoir)* pas toujours gagner.
4. Tu viens ! **...** *(aller)* au cinéma.
5. En France, **...** n'*(avoir)* pas de pétrole, mais **...** *(avoir)* des idées.

2 Répondez à la forme négative :

A/

*Vois-tu **quelqu'un** ?*
→ *Non, je **ne** vois **personne**.*

*Est-ce que **quelqu'un** crie ?*
→ *Non, **personne ne** crie.*

1. Est-ce que tu détestes quelqu'un ?
2. Est-ce que quelqu'un pleure ?
3. Est-ce qu'ils attendent quelqu'un ?
4. Est-ce qu'elle craint quelqu'un ?
5. Est-ce que quelqu'un veut sortir ?

B/

Il est paresseux. Il (écrire à).
→ *Il est paresseux. Il **n'**écrit à **personne**.*

1. Il est courageux. Il *(avoir peur de)*.
2. Il est égoïste. Il *(penser à)*.
3. Elle est originale. Elle *(ressembler à)*.
4. Elle est seule à Paris. Elle *(connaître)*.
5. Tu es libre. Tu *(dépendre de)*.

3 Répondez à la forme négative :

A/

*Vois-tu **quelque chose** ?*
→ *Non, je **ne** vois **rien**.*

*Est-ce que **quelque chose** brûle ?*
→ *Non, **rien ne** brûle.*

1. Est-ce que vous entendez quelque chose ?
2. Est-ce que quelque chose est vrai dans cette histoire ?
3. Est-ce qu'il dit quelque chose ?
4. Est-ce que vous cherchez quelque chose ?
5. Est-ce que quelque chose va changer dans ta vie ?

B/

Il fait sombre. Ils (voir). → *Il fait sombre. Ils **ne** voient **pas grand chose**.*

1. Elle est timide. Elle *(dire)*.
2. Il parle doucement. Je *(entendre)*.
3. Nous sommes sur la plage. Nous *(faire)*.

4 Répondez à la forme négative :

*Est-ce qu'il y a **quelque chose d'**amusant ?* → *Non, il **n'**y a **rien d'**amusant.*
*Est-ce qu'il y a **quelqu'un** d'amusant ?* → *Non, il **n'**y a **personne d'**amusant.*

1. Est-ce qu'il dit quelque chose d'important ?
2. Est-ce que tu connais quelqu'un de sérieux ?
3. Est-ce que tu fais quelque chose de spécial demain ?
4. Est-ce que tu apprends quelque chose de nouveau ?
5. Est-ce qu'il y a quelqu'un de sportif dans cette famille ?

5 Choisissez entre *quelque chose de, quelqu'un de, rien de, personne de* :

1. Je viens de recevoir **...** joli.
2. Vous dites **...** évident.
3. Cet avocat est **...** actif.
4. C'est **...** très intelligent.
5. Vous faites **...** interdit.
6. Il n'y a **...** sûr dans ce projet.
7. Tu as l'air de porter **...** lourd.
8. Je ne vois **...** connu dans cette foule.
9. Je ne connais **...** génial.
10. Je ne trouve **...** intéressant à lire.

6 Construisez la phrase en imitant le modèle :

A/ *Enregistrer une chanson. Je ...*
→ *J'enregistre* ***plusieurs*** *chansons.*

1. Aller chez le dentiste une fois par an. On **...**
2. Lire un journal par jour. Elle **...**
3. Poser une question. Nous **...**
4. Jouer une valse de Chopin. Le pianiste **...**
5. Traduire un roman. Vous **...**

B/ *Avoir un jour de congé. Je ...*
→ *J'ai* ***quelques*** *jours de congé.*

1. Revenir dans une minute. Le gardien de l'immeuble **...**
2. Avoir un ami au Mexique. Tu **...**
3. Déboucher une bouteille de champagne. Nous **...**
4. Acheter une affiche. Il **...**
5. Faire une critique. Vous **...**

C/ *J'invite beaucoup d'ami(e)s. ... ne peuvent pas venir.*
→ ***Quelques-un(e)s*** *ne peuvent pas venir*

1. J'aime tes idées mais **...** sont étranges.
2. Ces jeunes viennent d'avoir dix-huit ans mais **...** ne veulent pas voter.
3. Est-ce que je peux emprunter **...** de tes livres ?
4. Elle reçoit beaucoup de cartes postales. **...** arrivent de très loin.
5. Beaucoup de plages sont propres mais **...** sont polluées.

D/ *... les magasins (être) fermés le dimanche.*
→ ***La plupart des*** *magasins* ***sont*** *fermés le dimanche.*

1. **...** les jeunes filles *(faire)* attention à leur silhouette.
2. **...** les femmes *(vivre)* plus longtemps que les hommes.
3. **...** les trains *(partir)* à l'heure.
4. **...** les gens *(être)* égoïstes
5. **...** le temps, il *(faire)* beau dans le sud de la France.

E/ Choisissez entre *plusieurs, quelques, quelques-un(e)s* et *la plupart* :

1. Est-ce qu'il y a **...** façons de tenir sa raquette de tennis ?
2. **...** les matchs de football ont lieu le dimanche.
3. La plupart des places sont occupées mais **...** sont libres.
4. Est-ce que je peux dire **...** mots ?
5. Je n'aime pas toutes ces chansons, mais **...** sont bonnes.

7 Complétez les phrases avec l'adjectif *chaque* ou le pronom *chacun (chacune)* :

... ami(e) est différent(e). ... a son caractère.
→ ***Chaque** ami(e) est différent(e). **Chacun(e)** a son caractère.*

1. **...** jour, ils courent, et **...** fois ils font cinq kilomètres.
2. **...** spectateur présente son billet à l'entrée, puis **...** va à sa place.
3. Dans **...** famille, il y a des discussions, car **...** a sa personnalité.
4. **...** soir, **...** rentre chez soi.
5. Il écoute **...** question avec attention et il répond à **...** .

8 Répondez à la forme négative :

*Est-ce qu'il fait des efforts ? → Non, il **ne** fait **aucun** effort.*

1. Avez-vous de la patience ?
2. As-tu des projets ?
3. Y a-t-il beaucoup de lettres dans la boîte aux lettres ?
4. Est-ce qu'ils pratiquent plusieurs sports ?
5. As-tu des nouvelles de Jeremy ?
6. Est-ce que tu connais quelques boutiques de luxe ?
7. Y a-t-il encore un espoir ?
8. Est-ce que ce danseur a du talent ?
9. Y a-t-il plusieurs restaurants chinois dans ton quartier ?
10. Avez-vous une chance de devenir Président de la République ?

9

A/ Remplacez les ... par *un autre* ou *une autre* :

1. Avez-vous **...** question ?
2. Il faut trouver **...** solution.
3. Il y a **...** problème.
4. Veux-tu **...** tasse de thé ?
5. J'attends **...** coup de téléphone.
6. Je prends **...** dessert.

B/ Mettez *un autre* ou *une autre* au pluriel en imitant le modèle :

J'ai une autre explication à donner. → *J'ai* ***d'autres*** *explications à donner.*

1. Ils ont une autre proposition à faire.
2. Elle a une autre idée.
3. Tu as un autre rendez-vous ce soir.
4. Vous avez un autre match à jouer.
5. J'essaie une autre recette.
6. Je reçois une autre facture.

C/ Inventez les réponses en utilisant *quelques-un(e)s* et *d'autres* :

Comment sont tes photos ? → ***Quelques-unes*** *sont réussies,* ***d'autres*** *sont ratées.*

1. Où vont ces trains ?
2. Que pensez-vous de ces revues ?
3. Où habitent tes amis ?
4. Quelles études font-elles ?
5. Quels sports pratiquent-ils ?
6. Comment sont ces cassettes ?

10 Complétez les phrases en introduisant *l'un(e)... l'autre* :

A/ *Je vois deux taxis : ... est occupé, ... est libre.*
→ *Je vois deux taxis :* ***l'un*** *est occupé,* ***l'autre*** *est libre.*

1. Je regarde deux tableaux : **...** est de Renoir, **...** est de Monet.
2. Je confonds ces deux femmes : **...** ressemble beaucoup à **...**
3. Voici deux jeunes gens : **...** est anglais, **...** est irlandais.
4. Il y a deux vendeuses : **...** est souriante, **...** n'est pas aimable du tout.
5. Ces deux hommes ? **...** est intéressant, **...** est ennuyeux.

B/ Inventez la suite de la phrase en utilisant *les un(e)s ... les autres...*

Il y a beaucoup de voyageurs dans la gare : ...
→ ***les uns*** *sont pressés,* ***les autres*** *prennent leur temps.*

1. J'envoie beaucoup de cartes postales : ...
2. Nous connaissons beaucoup de restaurants : ...
3. Elle achète plusieurs cadeaux : ...
4. Il a beaucoup d'idées : ...
5. Ces touristes viennent de pays différents : ...

C/ Remplacez les ... par *l'une à l'autre... / l'un ou l'autre... / l'un de l'autre... / l'un ... l'autre... / ni l'un ni l'autre...*

1. **...** dit oui, **...** dit non.
2. Elles pensent **...**
3. Tu peux acheter **...** , les deux sont beaux.
4. Je n'aime **...**
5. Ils sont jaloux **...**

D/ Remplacez les ... par *de l'autre* ou *des autres* :

1. Il fait partie de cette équipe, pas **...**
2. Je n'ai pas besoin de ces clés, j'ai besoin **...**
3. Est-ce que tu te souviens de ce danseur ? Oui, mais pas **...**
4. Il n'écoute jamais l'opinion **...**
5. Ces étudiants sont chinois, mais je ne connais pas la nationalité **...**

11 Mettez les expressions soulignées au pluriel :

1. Est-ce que tu envoies un autre fax ou une autre lettre ?
2. Nous rencontrons souvent cet avocat, mais nous ne voyons jamais l'autre.
3. Qu'est-ce que vous pensez des articles de l'autre journaliste ?
4. Est-ce qu'ils vont faire une autre proposition ?
5. Est-ce que vous pouvez donner un autre conseil ?
6. Voici une valise. Mais où est l'autre ?
7. Nous devons prendre un autre billet.
8. Y a-t-il une autre place ?
9. Je n'aime pas les discours de l'autre candidat.
10. Tu ne veux pas de rosiers. Est-ce que tu as envie d'une autre plante ?

12 Répondez négativement à la question :

*Veux-tu voir **quelque chose d'autre** ?*
→ *Non, je **ne** veux **rien** voir **d'autre**.*
*Veux-tu voir **quelqu'un d'autre** ?*
→ *Non, je **ne** veux voir **personne d'autre**.*

1. Il a deux amis en France. Connaît-il quelqu'un d'autre ici ?
2. Elle aime Didier. Est-ce qu'elle rêve de quelqu'un d'autre ?
3. Est-ce que tu veux boire quelque chose d'autre ?
4. As-tu quelque chose d'autre à faire ?
5. Il y a un policier dans la rue, vois-tu quelqu'un d'autre ?

13

A/ Répondez négativement à la question :

Es-tu chez toi ce soir ?
→ *Non, je suis **autre part (ailleurs)**.*

*Vas-tu **quelque part** cet été ?*
→ *Non, je **ne** vais **nulle part**.*

1. Vas-tu à Lyon ?
2. Vas-tu quelque part dimanche ?
3. Veux-tu dormir dans cet hôtel ?
4. Le chaton est-il quelque part ?
5. Où est ton stylo ? Est-il dans ta poche ?
6. En juin, vas-tu quelque part ?

B/ Choisissez le mot juste : *quelque part, ailleurs* ou *autre part, ne... nulle part*.

1. Cet homme est-il heureux **...** ? Non, il n'est heureux nulle part.
2. Elle ne veut pas habiter dans ce quartier, elle veut habiter **...** , mais elle ne sait pas encore où.
3. Je cherche mes lentilles de contact, elles **...** sont **...**
4. La station de métro n'est pas là. Elle est **...**
5. Il a une santé fragile. Il a toujours mal **...**

14 Répondez négativement avec *ne ... personne, ne ... rien, ne ... nulle part, ne ... aucun(e).*

A/

Voyez-vous quelqu'un ?
→ *Non,* ***personne****.*
→ *Je* ***ne*** *vois* ***personne****.*

Voyez-vous quelque chose ?
→ *Non,* ***rien****.*
→ *Je* ***ne*** *vois* ***rien****.*

1. Fais-tu quelque chose ?
2. Est-ce qu'ils vont quelque part ?
3. Y a-t-il plusieurs châteaux dans cette région ?
4. Est-ce que vous comprenez quelque chose ?
5. Est-ce que quelqu'un frappe à la porte ?
6. Est-ce qu'il pleut quelque part ?
7. Est-ce qu'il dit quelque chose ?
8. Est-ce que quelqu'un veut répondre ?
9. Reste-t-il quelques places pour le concert ?
10. Est-ce que tu sais quelque chose ?

B/

1. Penses-tu à quelque chose ?
2. Penses-tu à quelqu'un ?
3. As-tu besoin de quelqu'un ?
4. As-tu besoin de quelque chose ?
5. Pars-tu avec quelqu'un ?
6. As-tu peur de quelque chose ?

15 Répondre avec *nulle part, rien, personne.*

Où aller ? → ***Nulle part.***

1. Que faire ?
2. Qui croire ?
3. Que choisir ?
4. Qui écouter ?
5. Où partir ?
6. Que dire ?

16 Accordez l'adjectif *tout, toute, tous, toutes* avec le nom :

Il traduit ... les mots difficiles. → *Il traduit* ***tous les mots*** *difficiles.*

1. Elle chante ... la journée, elle rit ... le temps.
2. ... la famille est réunie, ... les invités sont là, la fête peut commencer.
3. Il ne vient pas ... les jours, mais il reste souvent ... la soirée avec nous.
4. Elle ne connaît pas ... les œuvres de cet artiste, mais elle va voir ... ses expositions.
5. Nous ne sommes d'accord ni avec ... vos projets ni avec ... vos idées.
6. J'écris à ... mes amis chaque année.
7. Il est capable de manger ... une baguette au petit déjeuner.
8. ... ces jeunes cherchent du travail.
9. Elle passe ... sa matinée à faire des courses.
10. ... les gens prennent l'autoroute pour aller dans le Midi.

17 Répondez en employant un des pronoms *tout, tous, toutes* :

A/ *Est-ce que tout va bien ici ? → Oui, merci, **tout** va bien.*

1. Est-ce que vous comprenez ... dans cet article ?
2. Est-ce qu'un médecin doit ... dire à son malade ?
3. ... est-il parfait sur la terre ?
4. Est-ce que ... est en solde ?
5. Est-ce qu'il faut ... jeter ?

B/ *Est-ce que tous ces parfums sont chers ?*
*→ Oui, **ils** sont **tous** chers. (Oui, **tous** sont chers.)*
*→ Non, **ils** ne sont pas **tous** chers. (Non, **tous** ne sont pas chers.)*

1. Est-ce que tous ces arbres sont en fleurs ?
2. Toutes ces informations sont-elles exactes ?
3. Est-ce que toutes les émissions de télévision sont bonnes ?
4. Est-ce que tous tes copains vont à ce concert ?
5. Est-ce que tous ces disques sont à toi ?

18 Complétez avec l'adverbe *tout* (*toute, toutes* devant un adjectif féminin commençant par une consonne) :

A/ *Il est ... content, ils sont ... étonnés.*
*→ Il est **tout** content, ils sont **tout** étonnés.*

1. Il est ... rouge, ses cheveux sont ... mouillés.
2. Elle a un visage ... rond, un nez ... droit et des yeux ... noirs.
3. Elle vient de trouver un ... petit chat, ... effrayé et ... tendre.

B/ *Elle est ... contente, elles sont ... étonnées.*
*→ Elle est **toute** contente, elles sont **tout** étonnées.*

1. Ils passent la nuit ... entière à jouer aux cartes.
2. Elles sont ... surprises et ... excitées de leur bon résultat.
3. Il a la figure ... propre, et les dents ... blanches.

19 Écrivez correctement le mot *tout* sous toutes ses formes :

1. Ce matin ... les oiseaux chantent. ... le monde est heureux.
2. Ils font un voyage ... les ans, ils vont bientôt connaître ... les pays.
3. J'aime les maisons ... blanches au soleil avec un ciel ... bleu.
4. Ils dînent ... au même endroit. C'est un bistrot à la mode.
5. Ils partent ... pour l'Asie.
6. Elle explique ... très clairement et ils comprennent ...

7. Nous ne sommes pas pressés, nous avons **...** notre temps.
8. Toi, tu vois **...** en noir, moi, je vois **...** en rose.
9. Elles vont **...** chez le coiffeur à midi et prennent **...** un sandwich pour déjeuner.
10. Je vais passer **...** cette semaine et **...** la semaine prochaine en Suisse.

20

A/ Choisissez entre *tout le monde*, *chacun* et *personne* :

1. **...** parle, **...** donne son avis.
2. Est-ce que **...** est là ? Non, il n'y a encore **...** !
3. Elle dit des mensonges à **...** , alors **...** ne la croit.
4. **...** n'applaudit, **...** quitte la salle en silence.

B/ Adaptez le verbe :

1. On *(attendre)* avec impatience le début du match de tennis.
2. Tout à coup, tout le monde *(tourner)* la tête : les joueurs arrivent.
3. Ensuite, personne ne *(dire)* plus un mot.
4. Chacun *(observer)* son joueur favori.

21 Complétez les phrases suivantes avec : *le même, la même* ou *les mêmes*.

1. Ils sont dans **...** ville, dans **...** quartier, dans **...** université et ils font **...** études.
2. Nous n'avons pas **...** opinions politiques.
3. C'est toujours **...** chose ! Vous faites toujours **...** erreurs.
4. Il sort tous les matins à **...** heure, passe par **...** rues et va à **...** endroit.
5. Ils sont de **...** taille et de **...** âge.

22 Remplacez les pointillés par un adjectif ou un pronom indéfini :

Au café

Le café est plein. **...** peut voir des gens de **...** les âges, de **...** les nationalités, mais il n'y a **...** enfant. **...** parle. **...** discutent avec passion, **...** bavardent. Ils ont **...** quelque chose d'intéressant à dire. **...** ne fait attention au bruit. Les garçons vont d'une table à **...** et apportent à **...** la boisson commandée. **...** des jeunes gens boivent du café.

... ne peut remplacer l'ambiance d'un café. **...** ne peut trouver cette atmosphère **...** ailleurs.

N.B. Voir aussi le chapitre 19 sur les pronoms personnels.

13

Le futur de l'indicatif

SOMMAIRE

1	Verbes ***être*** et ***avoir***.
2-3	**Verbes du premier groupe.**
4	**Verbes du deuxième groupe.**
5-6-7	**Verbes du troisième groupe.**
8-9	**Verbes irréguliers.**
10-11	**Emploi.** Futur et futur proche.
12 à 13	RÉVISION.

1

A/ Écrivez la bonne terminaison :

être :	Je	ser...	*avoir :*	J'	aur...
	Tu	ser...		Tu	aur...
	Il	ser...		Il	aur...
	Nous	ser...		Nous	aur...
	Vous	ser...		Vous	aur...
	Ils	ser...		Ils	aur...

B/ Mettez la phrase au futur :

1. Je suis heureuse. — Demain, je ...
2. C'est l'été. — Demain, ce ...
3. Nous sommes libres. — Demain, nous ...
4. Nous avons de la chance. — Demain, nous ...
5. Tu as de longues vacances. — Demain, tu ...
6. J'ai quelques jours de repos. — Demain, j' ...
7. Nos amis sont là aussi. — Demain, nos amis ...
8. Ils ont un bel été. — Demain, ils ...
9. Vous avez le temps de voyager. — Demain, vous ...
10. Vous êtes ensemble. — Demain, vous ...

2 Écrivez au futur à la personne indiquée :

chanter : Je ... → Je chanterai. *crier : Je ... → Je crierai.* *essuyer : Je ... → J'essuierai.*

A/

1. *habiter :* Tu ...
2. *arriver :* Il ...
3. *divorcer :* Nous ...
4. *déménager :* Vous ...
5. *entrer :* Ils ...

B/

1. *étudier.* Tu ...
2. *essayer.* Elle ...
3. *jouer.* Nous ...
4. *employer.* Vous ...
5. *photocopier.* Ils ...

C/ *posséder un bateau. Je ... → Je posséderai un bateau.*

1. Préférer prendre l'avion. Il ...
2. Opérer des malades. Les chirurgiens ...
3. Répéter la phrase. Nous ...

D/ *lever : Je ... → Je lèverai.* *appeler : Je ... → J'appellerai*
congeler : Je ... → Je congèlerai. *jeter : Je ... → Je jetterai.*

1. Amener les enfants à l'école. Demain matin, tu ...
2. Emmener les touristes au Louvre. Le guide ...
3. Enlever leurs manteaux et leurs bottes. Ils ...
4. Geler. La nuit prochaine, il ...
5. Acheter des fleurs. Demain soir, vous ...
6. Rappeler Véronique. Demain, je ...
7. Projeter un voyage. L'an prochain, nous ...

3 Écrivez l'infinitif du verbe, puis mettez la phrase au futur :

Elle visite un nouveau pays. → Visiter. → Elle visitera un nouveau pays.

1. Je n'oublie rien.
2. Vous louez ce studio.
3. Ils travaillent tard.
4. J'annonce la nouvelle.
5. Tu diriges l'entreprise.
6. Ils renseignent les passants.
7. Elle balaie la cuisine.
8. Vous jetez tout.
9. Elles règlent l'addition.
10. Tu ne pleures plus.

4

A/ Mettez au futur selon le modèle :
finir – réussir : Je ... → Je finirai, je réussirai.

1. Choisir – Réfléchir : Tu ...
2. Guérir – Vieillir : Elle ...
3. Mincir – Maigrir : Nous ...
4. Grandir – Grossir : Vous ...
5. Démolir – Rebâtir : Ils ...
6. Rougir – pâlir : Je ...

B/ Écrivez l'infinitif puis mettez le verbe au futur :

*Elle brunit au soleil. → Brun**ir**. → Elle brun**ira** au soleil.*

1. Les fruits mûrissent au soleil.
2. Ce rosier fleurit en juin
3. Elles réunissent leurs copains.
4. L'avion atterrit sur cette piste.
5. Tu obéis ou tu désobéis à cet ordre.
6. Vous réagissez mal.

5 Donnez l'infinitif et mettez les verbes au futur :

*Il dort. → Dorm**ir**. → Il dorm**ira**.* *Tu dis. → Di**re**. → Tu di**ras**.*

A/

1. Vous ouvrez
2. Tu sors
3. Il sert
4. Je pars
5. Elle offre
6. Elle croit
7. Je lis
8. Nous conduisons
9. Tu vis
10. Ils mettent
11. Vous perdez
12. Je prends
13. Elles répondent
14. Nous peignons
15. Il connaît

B/ Mettez la phrase directement au futur :

1. Avec ce médicament, je ne sens plus la douleur !
2. Nous écrivons à nos amis pour la nouvelle année.
3. Le soleil disparaît à l'horizon.
4. Vous vivez d'amour et d'eau fraîche.
5. Je traduis un roman espagnol.
6. Le jour de la fête, nous buvons beaucoup.
7. A minuit, tu éteins la lumière.
8. Est-ce que vous reprenez de la mousse au chocolat ?
9. Nous attendons ton retour.
10. Le champion bat son record.

6 Donnez l'infinitif puis mettez le verbe au futur :

A/ *Il ne déçoit pas ses parents. → Déce**voir**. → Il ne déce**vra** pas ses parents.*

1. Il pleut pendant tout le week- end.
2. Est-ce que tu dois payer toutes ces factures ?
3. Vous apercevez l'Arc de Triomphe de la fenêtre du salon.
4. Je reçois un paquet.
5. Ils doivent partir tôt.

B/ *Votre fille devient grande. → Dev**enir**. → Votre fille dev**iendr**a grande.*

1. Vous tenez un bouquet à la main.
2. Viens-tu en Espagne avec nous cet été ?
3. Il ne faut plus prendre cette route.
4. Ils ne veulent plus partir.
5. Il vaut mieux arriver à l'heure.
6. Je reviens demain.

7 Donnez l'infinitif, puis mettez la phrase au futur :

Il envoie des fleurs. → *Env**oyer**.* → *Il env**erra** des fleurs.*

1. Est-ce que tu vois ta sœur ce soir ?
2. Ces joueurs renvoient bien la balle.
3. Il est ivre : il ne peut pas conduire.
4. Nous mourons tous un jour.
5. Est-ce que vous courez cet après-midi ?

8 Écrivez au futur en mettant les sujets proposés :

A/

1. *(aller)* Je ... , vous ...
2. *(faire)* Tu ... , ils ...
3. *(savoir)* Nous ... , elles ...
4. *(cueillir)* Il ... , elles ...
5. *(refaire)* Je ... , vous ...

B/

1. On ne sait jamais la vérité.
2. Nous cueillons les fruits du jardin.
3. Ils ne vont pas à la montagne cet hiver.
4. Est-ce que vous faites du vélo ?
5. Tu vas faire des courses pour le dîner.

9 Mettez la phrase au futur :

Je ne peux pas dormir. → *Je ne **pourrai** pas dormir.*

1. Elles veulent faire la grasse matinée.
2. Il ne vient pas à son rendez-vous.
3. Tu ne sais pas où aller.
4. Vous recevez beaucoup de lettres.
5. Nous envoyons ce paquet par avion.
6. Je ne vois pas ce reportage.
7. Vous n'allez pas à la plage.
8. Qu'est-ce que tu fais ce soir ?
9. Il ne faut pas conduire trop vite.
10. Il doit faire plus attention.

10 Mettez dans la case la lettre correspondant à la valeur du futur de la phrase :

A. Événement à venir.
B. Ordre, conseil, demande.

1. Mon frère aura quinze ans dans deux jours. ☐
2. Avant ton départ pour le Brésil, tu laisseras ton adresse. ☐
3. Tu achèteras du pain, s'il te plaît. ☐
4. Nous ferons la connaissance de Bruno vendredi prochain. ☐
5. Pour votre inscription, vous apporterez votre carte d'identité. ☐
6. On démolira certainement cette vieille maison. ☐
7. Tu écriras souvent pendant ton voyage en Grèce. ☐
8. Vous prendrez ce médicament trois fois par jour. ☐
9. Mesdames et Messieurs, nous atterrirons dans vingt minutes. ☐
10. Vous ne porterez vos lunettes que devant la télévision. ☐

11 **Mettez le verbe entre parenthèses au futur simple ou au futur proche selon le sens :**

1. Le ciel est bas. La neige *(tomber)*.
2. Pendant le voyage, les portes de l'avion *(rester)* fermées.
3. Nous ne *(aller)* plus dans ce restaurant, il est trop cher.
4. Attention, tu *(tomber)* !
5. Vite ! L'autobus *(partir)*.
6. Je *(retourner)* sûrement en Chine l'an prochain.
7. Elle est enceinte de neuf mois. Elle *(accoucher)* ces jours-ci.
8. Il est 9 heures, le concert *(commencer)*.
9. Ils *(devenir)* fous : leur situation est insupportable.
10. Dans vingt ans, où *(être)*-nous ? Que *(faire)*-nous ?

12 **Écrivez ces textes au futur :**

A/ Pour aller à la poste, tu prends la première rue à gauche, puis tu dois traverser le carrefour. Là, tu suis les panneaux, tu fais cent mètres, tu vois un grand bâtiment, tu peux reconnaître la poste. Tu entres, tu choisis un guichet, tu attends ton tour, tu demandes et tu reçois ton argent, tu remercies l'employé. Avant de sortir, tu m'achètes des timbres !

B/ Demain, je *(aller)* à l'aéroport, je *(prendre)* ma voiture, je ne *(conduire)* pas trop vite, et je *(essayer)* d'être à l'heure à notre rendez-vous. Toi, tu *(descendre)* de l'avion, tu *(courir)* vers la sortie et nous nous *(retrouver)*.

Ensuite, nous *(revenir)* à la maison et nous *(boire)* du champagne. Nous *(appeler)* nos anciens amis. Ils se *(souvenir)* de toi. Je *(inviter)* tout le monde pour le dîner. Nous *(faire)* une grande fête. Il y *(avoir)* beaucoup d'ambiance. Sur un grand gâteau, je *(mettre)* vingt bougies, puis je *(éteindre)* les lumières. Tu *(souffler)*, on *(rire)*, on *(applaudir)*. Personne ne *(vouloir)* partir. Alors, on *(ouvrir)* d'autres bouteilles, on *(danser)*, on *(bavarder)*. Ce *(être)* une belle nuit !

Le matin, le soleil *(apparaître)* dans le ciel, chacun *(rentrer)* chez soi.

13 **Écrivez au futur un bulletin météorologique en choisissant parmi les éléments suivants :**

Quel temps fera-t-il ?

- demain, après-demain.
- le matin, l'après-midi, le soir.
- au Nord, au Sud, à l'Est, à l'Ouest.
- très, assez, légèrement.
- le soleil *(briller)*.
- le temps *(être)* gris, pluvieux, orageux.
- *(faire)* beau, chaud, froid.
- *(pleuvoir)*, *(neiger)*.
- y *(avoir)* du brouillard.
- la température *(baisser, monter)*.

14
L'impératif

SOMMAIRE

1	Verbes *être* et *avoir*.
2	**Verbes du premier groupe.**
3	**Verbes du deuxième groupe.**
4	**Verbes du troisième groupe et irréguliers.**
5	RÉVISION.

1 Remplacez le futur par l'impératif pour donner des conseils ou des ordres :

Tu seras courageux, tu auras du courage, tu n'auras pas peur.
→ ***Sois** courageux, **aie** du courage, **n'aie pas** peur !*

1. Demain à la réunion, tu seras à l'heure.
2. Tu n'auras pas de retard.
3. Nous serons optimistes.
4. Nous aurons de la patience.
5. Vous aurez confiance.
6. Vous ne serez pas agressif.

2 Remplacez le présent par l'impératif :

Tu parles fort. → *Par**le** fort !*

1. Tu marches.
2. Tu écoutes.
3. Tu regardes autour de toi.
4. Tu essaies de comprendre.
5. Tu ne rentres pas tout de suite.

Vous ne crierez pas. → *Ne cr**iez** pas !*

6. Nous appelons nos amis.
7. Nous oublions tous nos soucis.
8. Vous frappez avant d'entrer.
9. Vous ne dérangez personne.
10. Vous ne réveillez pas les autres.

3 Mettez le verbe à l'impératif :

Tu obéis. → *Obé**is** !*

1. Tu choisis un fruit.
2. Tu réfléchiras avant d'écrire.
3. Nous réunissons toute la famille.

Vous ne désobéirez pas. → *Ne désobé**issez** pas !*

4. Vous ne punirez personne.
5. Vous ne maigrirez pas trop.
6. Nous réagissons.

4 Même exercice :

1. Nous prendrons cette route et nous irons jusqu'à la mer.
2. Tu sortiras et tu feras une grande promenade.
3. Vous ferez bien attention, vous direz toute la vérité.
4. Tu viendras avec moi et nous boirons un verre.
5. Tu recevras tes amis, tu offriras du champagne.
6. Nous vendrons notre appartement et nous partirons à l'aventure.
7. Vous tiendrez votre promesse, vous reviendrez chez nous.
8. Tu ne répondras à personne, tu n'ouvriras la porte à personne.
9. Tu iras prendre ton billet et tu suivras le guide.
10. Vous écrirez un bon livre et vous deviendrez célèbre.

5

A/ Remplacez l'infinitif par l'impératif :

Pour être impossible à vivre :

1. Dormir peu, être de mauvaise humeur.
2. Boire beaucoup d'alcool, fumer comme un pompier.
3. Voir des films violents, devenir agressif.
4. Ne jamais rendre service, dire des méchancetés.
5. N'avoir que des ennemis, suivre ces conseils.

... et tu seras vite seul au monde !

B/ Trouvez les verbes et utilisez l'impératif :

Charlie ! ... ton manteau, on va sortir.	**aller**
Où sont tes bottes ? ... chercher tes bottes !	**appeler**
... , je ne suis pas prête !	**arrêter**
Ça y est, me voilà, ... la porte, ... l'ascenseur !	**attendre**
... attention !	**courir**
Ne ... pas, tu vas tomber !	**donner**
... la main à maman !	**être**
... de parler, tu me fatigues !	**faire**
Mais ... quand je te parle !	**mettre**
... gentil !	**ouvrir**
... tranquille !	**répondre**
Quel enfant !	**rester**

N.B. Voir aussi les chapitres sur les pronoms personnels et les verbes pronominaux.

15

L'imparfait de l'indicatif

SOMMAIRE

1	Verbes ***être*** et ***avoir***.
2 à 5	**Verbes du premier groupe :**
2	verbes en -ER.
3	verbes en -CER et -GER.
4	verbes en -YER, -IER.
5	verbes en -ILLER, -GNER.
6	**Verbes du deuxième groupe.**
7 à 10	**Verbes du troisième groupe :**
7	verbes en -IR.
8	verbes en -IRE, -DRE, -TRE, -AÎTRE, -AINDRE, -EINDRE, -OINDRE.
9-10	**Verbes irréguliers.**
11-12	**Emploi.**
13	Futurs et passés proches au passé.
14-15	RÉVISION.

1

A/ Écrivez la bonne terminaison :

être :	J'	ét...	*avoir :*	J'	av...
	Tu	ét...		Tu	av...
	Il	ét...		Il	av...
	Nous	ét...		Nous	av...
	Vous	ét...		Vous	av...
	Ils	ét...		Ils	av...

B/ Écrivez le verbe à l'imparfait puis mettez la phrase au pluriel :

1. L'été dernier, je *(être)* en Provence.
2. L'année dernière, il *(avoir)* beaucoup de projets.
3. Hier, il *(être)* de bonne humeur.
4. Avant, je ne *(avoir)* pas de patience.
5. Tu *(avoir)* souvent envie de rire.

2 Écrivez la bonne terminaison :

A/ *penser :*

Je	pens...
Tu	pens...
Il	pens...
Nous	pens...
Vous	pens...
Ils	pens...

B/

1. Tu parl... trop vite.
2. J' écout... du jazz.
3. Nous rentr... toujours tard.
4. Elle habit... à Rome.
5. Vous téléphon... parfois.
6. Ils jou... tous les soirs.

C/ Formez l'imparfait à partir de la 1re personne du pluriel du présent :

acheter → Présent : *nous achetons.* Imparfait : *j'achetais, tu achetais...*

1. *appeler :* Présent : Nous ... Imparfait : Tu ... , vous ...
2. *jeter :* Présent : Nous ... Imparfait : Je ... , ils ...
3. *geler :* Présent : Nous ... Imparfait : Il ... , nous ...
4. *emmener :* Présent : Nous ... Imparfait : Tu ... , ils ...
5. *répéter :* Présent : Nous ... Imparfait : Elle ... , vous ...

D/ Mettez les verbes à l'imparfait :

1. Tu *(acheter)* le journal tous les jours.
2. Vous *(appeler)* souvent le médecin.
3. Quelquefois, je *(emmener)* mon frère au match de football.
4. Tu *(jeter)* tout, vous ne *(jeter)* rien.
5. Tout le monde *(espérer)* gagner.

3 Mettez le verbe au présent à la 1re personne du pluriel puis à l'imparfait aux personnes indiquées :

avancer : je ... , nous ...
→ Présent : *nous avançons.*
→ Imparfait : *j'avançais, nous avancions.*

manger : tu ... , vous ...
→ Présent : *nous mangeons.*
→ Imparfait : *tu mangeais, vous mangiez.*

A/

1. annoncer : Tu ... , vous ...
2. placer : Nous ... , ils ...
3. remplacer : Je ... , il ...
4. changer : Il ... , nous ...
5. partager : Ils ... , je ...
6. voyager : Vous ... , tu ...

B/ Mettez à l'imparfait :

1. Avant cet accident, je *(nager)* avec plaisir.
2. Ils *(commencer)* à peindre leur cuisine.
3. Tu *(prononcer)* bien l'anglais.
4. À cette époque-là, nous *(déménager)* trop souvent.
5. Dans cette région, il ne *(neiger)* jamais.
6. Est-ce que, d'habitude, vous *(diriger)* l'orchestre ?

4 Mettez à l'imparfait directement (mais regardez bien le modèle) :

envoyer :
→ Présent : *nous envo**y**ons*
→ Imparfait : *j'envo**y**ais, nous envo**yi**ons.*

oublier :
→ Présent : *nous oubl**i**ons*
→ Imparfait : *tu oubl**i**ais, vous oubl**ii**ez.*

A/
1. *(payer)* elle...
2. *(nettoyer)* vous...
3. *(ennuyer)* ils...
4 *(étudier)* nous...
5. *(remercier)* tu...

B/
1. Il *(essayer)* son costume
2. Vous *(crier)* pour rien.
3. Nous *(employer)* des mots faciles.
4. Je *(photographier)* les passants.
5. Tu *(essuyer)* tes lunettes.

5 Mettez à l'imparfait :

1. Les étoiles *(briller)* dans le ciel.
2. Nous ne *(réveiller)* jamais le bébé.
3. Vous *(gagner)* rarement aux cartes.
4. Il *(signer)* beaucoup de lettres.
5. Vous *(conseiller)* de faire du sport.
6. Ils *(soigner)* leur mère.

6 Mettez les verbes à l'imparfait :

choisir : → Présent : *nous chois**iss**ons* → Imparfait : *il chois**iss**ait, nous chois**iss**ions.*

A/
1. *(mincir)* elle ...
2. *(grossir)* je ...
3. *(réunir)* ils ...
4. *(désobéir)* vous ...
5. *(remplir)* tu ...
6. *(applaudir)* nous ...

B/
1. Tu *(finir)* toujours ton travail à l'heure.
2 Il ne *(réfléchir)* pas assez.
3. Je *(rougir)* facilement.
4. Les avions *(atterrir)* l'un après l'autre.
5. Nous ne *(obéir)* pas souvent.
6. Vous *(réussir)* tout.

7 Mettez les verbes au présent, puis à l'imparfait à la personne indiquée :

A/ *Je pars en avance. Nous...* → *Nous par**t**ons en avance.* → *Nous par**t**ions en avance.*

1. Je sors chaque soir. Nous ...
2. Elle dort profondément. Elles ...
3. Il sert les clients. Ils ...
4. Tu viens tous les jours. Vous ...
5. Je ne tiens pas debout. Nous ...
6. Tu mens tout le temps. Vous ...
7. Ce parfum sent bon. Ces ...
8. Elle devient jolie. Elles ...
9. Je meurs de soif. Nous ...
10. Tu cours chaque matin. Vous ...

B/ *Tu accueilles les touristes. Vous...*
→ *Vous accue**ill**ez les touristes. Vous accue**ill**iez les touristes.*

1. Il offre un voyage. Ils ...
2. Je n'ouvre pas ses lettres. Nous ...
3. Tu cueilles toutes les cerises. Vous ...
4. Elle ne souffre pas du tout. Elles ...
5. Tu découvres la Grèce. Vous ...
6. J'accueille les invités. Nous ...

8 Mettez à l'imparfait :

A/ *lire :* → Présent : *nous lisons.* → Imparfait : *je lisais.*

1. *(dire)* tu ...
2. *(traduire)* je ...
3. *(plaire)* ils ...
4. *(relire)* nous ...
5. *(suffire)* cela ...
6. *(interdire)* vous ...

B/ *rendre :* → Présent : *nous rendons.* → Imparfait : *vous rendiez.*
mettre : → Présent : *nous mettons.* → Imparfait : *tu mettais.*

1. Attendre un taxi : elles ...
2. Répondre au téléphone : tu ...
3. Perdre son temps : il ...
4. Permettre tout : je ...
5. Battre les cartes : vous ...
6. Mettre le couvert : nous ...

C/ *connaître :* → Présent : *nous connaissons.* → Imparfait : *vous connaissiez.*

1. (paraître) tu ... , ils ...
2. (reconnaître) je ... , nous ...
3. (disparaître) il ... , vous ...

D/ *plaindre :* → Présent : *nous plaignons.* → Imparfait : *nous plaignions.*

1. *(craindre)* je ... , elles ...
2. *(peindre)* elle ... , nous ...
3. *(éteindre)* tu ... , vous ...

E/

1. Tu *(lire)* vite.
2. Nous *(entendre)* mal.
3. Vous *(conduire)* prudemment.
4. Ils *(dire)* toujours la même chose.
5. Je ne *(mettre)* pas de chapeau.
6. Elle *(connaître)* tout le monde.
7. Ils *(combattre)* le Sida.
8. Il *(défendre)* à son fils de sortir.
9. Nous *(éteindre)* nos cigarettes.
10. Vous *(plaindre)* les victimes.

9 Mettez le verbe à l'imparfait :

pouvoir : → Présent : *nous pouvons.* → Imparfait : *je pouvais, nous pouvions.*

A/

1. *(savoir)* tu ... , vous ...
2. *(devoir)* elle ..., nous ...
3. *(apercevoir)* je ... , ils ...
4. *(recevoir)* tu ... , vous ...
5. *(vouloir)* il ... , elles ...

B/

1. Nous ne *(pouvoir)* pas passer.
2. Est-ce que cela *(valoir)* la peine ?
3. Tu *(devoir)* arriver plus tôt.
4. Il ne *(pleuvoir)* plus.
5. Il *(falloir)* répondre très vite.

10 Mettez les verbes à l'imparfait :

A/

1. *(voir)* je ... , il ...
2. *(croire)* elle ... , nous ...
3. *(boire)* tu ... , vous ...
4. *(écrire)* tu ... , elles ...
5. *(vivre)* il ... , vous ...
6. *(suivre)* je ... , nous ...
7. *(rire)* tu ... , nous ...
8. *(prendre)* je ... , ils ...
9. *(faire)* elle ... , vous ...
10. *(aller)* tu ... , ils ...

B/

1. Adolescent, je *(écrire)* des poèmes.
2. Nous ne *(boire)* jamais trop.
3. *(Voir)*-tu souvent le ministre ?
4. Elles ne *(croire)* personne.
5. Je *(vivre)* sans souci.
6. Vous *(suivre)* des cours de chinois.
7. En général, tu *(prendre)* du thé.
8. Ils *(rire)* très fort.
9. Qu'est-ce que tu *(faire)* à Londres ?
10. Je *(aller)* régulièrement au théâtre.

11 Mettez dans la case la lettre correspondant à une des valeurs de l'imparfait :

A Description dans le passé.
B Habitude dans le passé.
C Actions simultanées en train de se faire dans le passé.

1. C'était un soir de fête. Il y avait des lumières et des orchestres partout. ☐
2. Tous les soirs, avant le repas, je buvais un whisky. ☐
3. Il marchait sur la plage et, en même temps, il réfléchissait. ☐
4. Elle était très belle. Elle plaisait aux hommes. ☐
5. Tu répondais toujours non à mes questions. ☐
6. A mon arrivée, ils finissaient de dîner. ☐
7. Il paraissait triste. Il restait silencieux. ☐
8. Nous traversions toujours la Seine par le pont Mirabeau. ☐
9. Il pleuvait sur la mer, les vagues grossissaient, le tonnerre grondait. ☐
10. Le bébé dormait et, pendant ce temps, je téléphonais. ☐

12 Faites une phrase à l'imparfait avec les éléments donnés :

1. D'habitude – Philippe et moi – sortir après le déjeuner.
2. Généralement – mes amis – venir me voir pendant le week-end.
3. Chaque soir – rejoindre Annabel dans un bistrot de mon quartier.
4. Chaque jour – elle – découvrir de nouveaux amis.
5. Dans leur jeunesse – mes parents – ne jamais aller à la montagne.
6. Pendant l'été – tu – nager tous les jours.
7. Tous les matins – ouvrir sa fenêtre et faire du yoga.

8. Est-ce que – écrire souvent à ton ami pendant ton séjour à Prague ?
9. En général – Sophie – lire les romans à la mode.
10. Habituellement – passer vos vacances dans les îles grecques.

13 **Mettez les futurs proches et les passés proches au passé** (attention, ils sont toujours à l'imparfait) :

1. L'émission de télévision va finir. Il est déjà minuit.
2. Tu vas repartir dans ton pays, nous allons nous quitter.
3. Ces chercheurs sont contents : ils viennent de découvrir un nouveau vaccin.
4. Nous venons de comprendre la question et nous allons répondre.
5. Louis vient d'entrer dans son bain, il ferme les yeux.
6. Le champion va gagner la course, il vient de passer devant tous les autres.
7. L'hôtesse prépare sa valise : elle vient de recevoir son emploi du temps.
8. Je viens de finir mes examens, je vais m'en aller.
9. Ils vont louer un bateau, ils veulent traverser la Méditerranée.
10. Le match va commencer : les joueurs viennent d'entrer sur le terrain..

14 **Mettez les verbes à l'imparfait :**

L'ombre

La nuit *(tomber)*. Il *(faire)* très froid. La neige *(recouvrir)* le sol.
La rue *(être)* déserte. Il n'y *(avoir)* aucun bruit.
Quelques étoiles *(briller)* dans le ciel et on *(pouvoir)* apercevoir la lune ; elle *(commencer)* à éclairer le paysage.
De temps en temps, une ombre *(apparaître)* et *(disparaître)*. Mais je *(voir)* mal, je ne *(distinguer)* pas la forme de cette ombre.
(Être)-ce un homme ?
(Être)-ce un animal ?
Tout à coup ...

15

A/ **Mettez les verbes à l'imparfait :**
L'année dernière à la montagne, nous *(faire)* de longues balades l'après-midi et nous *(passer)* toujours des soirées agréables. Nous *(jouer)* aux cartes, nous *(choisir)* un bon disque à écouter ou José *(prendre)* sa guitare pour chanter. Parfois, Muriel nous *(lire)* un chapitre d'un roman policier, des amis nous *(rejoindre)*. Ils *(venir)* rire avec nous. Puis, nous *(aller)* dans une discothèque et nous *(finir)* la soirée ensemble.

B/ **Racontez comment vous passiez vos journées d'habitude l'été dernier.**

16

Le passé composé de l'indicatif

SOMMAIRE

1 à 11	**Verbes conjugués avec *avoir*:**
1	*avoir* et *être*.
2	participe passé en -é (premier groupe).
3	participe passé en *-i* (deuxième groupe).
4	participe passé en *-i* (troisième groupe).
5	participe passé en *-u* (verbes en -DRE, -ATTRE, -AÎTRE).
6	participe passé en *-u* (verbes en -OIR).
7	participe passé en *-u* (verbes en -IR, -IRE, -OIRE, -AIRE).
8	participe passé en -is (verbes en -ENDRE, -ETTRE).
9	participe passé en *-it* (verbes en -IRE et -UIRE)
10	participe passé en *-ert* (verbes en -IR).
11	participe passé en *-aint, -eint,-oint* (verbes en -AINDRE, -EINDRE, -OINDRE).
12	participes passés irréguliers.
13	**Verbes conjugués avec *être*.**
14	**Verbes conjugués avec *avoir* ou *être*.**
15	La forme négative au passé composé.
16	La forme interrogative au passé composé.
17	RÉVISION : *ÊTRE* OU *AVOIR* AU PASSÉ COMPOSÉ.
18-19	**Emploi du passé composé.**
20	Emploi du passé proche et du futur proche au passé.
21	Emploi de l'imparfait ou du passé composé.
22 à 24	TEXTES DE RÉVISION.

1 Écrivez au passé composé les verbes *avoir* et *être* :

→ *Hier, **j'ai eu** de la fièvre*

tu ... ... la grippe.
il ... ... peur.
nous ... ... un accident.
vous ... ... du courage.
ils ... ... de la chance.

→ *Hier, **j'ai été** malade.*

tu ... ... fatigué.
il ... ... surpris.
nous ... ... blessés.
vous ... ... courageux.
ils ... ... heureux.

2 Écrivez au passé composé :

*discuter : Nous ... discut... toute la soirée. → Nous **avons** discut**é** toute la soirée.*

1. *(marcher)* Hier, j'... march... pendant des heures.
2. *(manger)* Ils ... mang... un délicieux couscous.
3. *(écouter)* Tu ... écout... ce conférencier sans dormir !
4. *(oublier)* Elle ... oubli... son rendez-vous.
5. *(essayer)* Est-ce que vous ... essay... de faire du surf ?

3 Écrivez au passé composé :

*réfléchir : Est-ce que tu ... bien réfléch... ? → Est-ce que tu **as** bien réfléch**i** ?*

1. *(rajeunir)* Elle ... rajeun... de dix ans.
2. *(vieillir)* Il ... vieill... de vingt ans.
3. *(grossir)* Je n'... pas gross...
4. *(maigrir)* Vous ... maigr... de douze kilos.
5. *(choisir)* Ils ... enfin chois... la date de leur mariage !

4 Écrivez au passé composé :

*accueillir : Il ... accueill... les musiciens à l'hôtel. → Il **a** accueill**i** les musiciens à l'hôtel.*

1. *(servir)* L'hôtesse de l'air ... serv... les passagers rapidement.
2. *(dormir)* Est-ce que vous ... bien dorm... ?
3. *(sentir)* J'... sent... une grande douleur au genou.
4. *(cueillir)* Nous ... cueill... des pivoines.
5. *(mentir)* Tu ... ment... !

5 Écrivez la phrase au passé composé :

A/ *entendre : Nous ... entend... un grand bruit. → Nous **avons** entend**u** un grand bruit.*

1. *(attendre)* Ils ... attend... très longtemps.
2. *(répondre)* Qu'est-ce que tu ... répond... ?
3. *(perdre)* Nous ... perd... tous nos papiers.
4. *(rendre)* Il ... rend... sa femme très heureuse.
5. *(vendre)* Est-ce que vous ... vend... tous vos meubles ?
6. *(confondre)* J'... confond... ces deux mots.
7. *(battre)* Le champion ... batt... son record.

B/ *paraître : Il ... par... très choqué de ta question. → Il **a** par**u** très choqué de ta question.*

8. *(connaître)* Est-ce que tu ... conn... ces gens à Madrid ?
9. *(disparaître)* Le soleil ... dispar... derrière les nuages.
10. *(reconnaître)* Est-ce que vous ... reconn... Maud ? Elle a beaucoup changé.

6 Écrivez les phrases au passé composé :

voir : Est-ce que tu ... déjà v... ce film ? → Est-ce que tu ***as*** *déjà v****u*** *ce film ?*

1. *(revoir)* Nous **...** rev**...** la maison de notre enfance.
2. *(prévoir)* On **...** prév**...** de la pluie pour demain.
3. *(vouloir)* Elle **...** voul**...** dire quelques mots.
4. *(falloir)* Il **...** fall**...** faire de longues recherches.
5. *(pouvoir)* Pourquoi est-ce que tu n'**...** pas p**...** obtenir ton visa ?
6. *(savoir)* Il **...** s**...** lire et écrire à cinq ans.
7. *(devoir)* J' **...** d**...** sortir de la salle avant la fin du concert.
8. *(pleuvoir)* Hier, il **...** pl**...** toute la journée.
9. *(recevoir)* Est-ce que vous **...** reç**...** la visite de Manon ?
10. *(apercevoir)* Tout à coup, ils **...** aperç**...** une île.

7 Écrivez les verbes au passé composé :

courir : Ils ... cour... pour attraper l'autobus. → Ils ***ont*** *cour****u*** *pour attraper l'autobus.*

1. *(tenir)* Est-ce que tu **...** déjà ten**...** un bébé dans tes bras ?
2. *(lire)* Je n'**...** pas l**...** tous les romans de cet écrivain.
3. *(boire)* Ne conduisez pas ! Vous **...** trop b**...** !
4. *(croire)* Est-ce que tu **...** cr**...** cet homme politique ?
5. *(plaire)* Cet opéra **...** pl**...** à beaucoup de spectateurs.

8 Écrivez au passé composé :

*prendre : J'... déjà pr... mon petit déjeuner. → J'****ai*** *déjà pr****is*** *mon petit déjeuner.*

1. *(apprendre)* Est-ce que vous **...** app**...** le départ de Michael ?
2. *(comprendre)* Excusez-moi, je n'**...** pas compr**...** votre question.
3. *(mettre)* Où est-ce que j'**...** m**...** la voiture ?
4. *(promettre)* Ils **...** prom**...** de revenir bientôt.
5. *(reprendre)* Est-ce que tu **...** repr**...** des forces depuis ta maladie ?

9 Même exercice :

A/ *écrire : Le journaliste ... écr... un bon article. → Le journaliste* ***a*** *écr****it*** *un bon article.*

1. *(dire)* Ils n'**...** rien d**...**
2. *(écrire)* Est-ce que tu **...** écr**...** à ton cousin ?
3. *(interdire)* On **...** interd**...** le stationnement dans cette rue.

B/ *produire : Cette région ... prod... du bon vin.* → *Cette région* **a** *prod***uit** *du bon vin.*

4. *(traduire)* Qui **...** trad**...** ce roman russe ?
5. *(conduire)* Je n'**...** pas cond**...** depuis plusieurs années.
6. *(construire)* Pourquoi **...**-ils constr**...** cette affreuse maison ?

10 Même exercice :

ouvrir : Tu ... ouv... la fenêtre ; il fait froid. → *Tu* **as** *ouv***ert** *la fenêtre ; il fait froid.*

1. *(couvrir)* Il **...** couv**...** sa femme de bijoux.
2. *(offrir)* Qu'est-ce que tu **...** off**...** à Éva pour son anniversaire ?
3. *(découvrir)* Qui **...** découv**...** l'Amérique ?
4. *(souffrir)* Après mon opération, j'**...** beaucoup souff**...**
5. *(recouvrir)* La neige **...** recouv**...** le sol.

11 Même exercice :

éteindre : Est-ce que vous ... ét... la lumière ? → *Est-ce que vous* **avez** *ét***eint** *la lumière ?*

1. *(peindre)* Matisse **...** p**...** « La Danse » en 1909.
2. *(craindre)* Nous n'**...** pas cr**...** de dire la vérité.
3. *(teindre)* Est-ce que tu **...** t**...** ce pantalon ?
4. *(repeindre)* J'**...** rep**...** ma salle de bains .
5. *(rejoindre)* Ils **...** rej**...** leur famille à la montagne.

12 Formez le passé composé en utilisant les participes passés donnés :

1.	*(faire)*	Qu'est-ce que tu **... ...** hier soir ?	**assis**
2.	*(vivre)*	Ils **... ...** longtemps en Italie.	**suivi**
3.	*(rire)*	Nous avons vu un spectacle amusant. Nous **... ...**	**vécu**
4.	*(suivre)*	Il **... ...** la bonne direction.	**ri**
5.	*(asseoir)*	L'infirmière **... ...** le malade dans son fauteuil.	**fait**

13 Écrivez au passé composé (utilisez *être*) :

partir : Est-ce qu'elle ... déjà part... ? → *Est-ce qu'elle* **est** *déjà parti***e** *?*

1. *(aller)* Elles **...** all**...** au musée du Louvre hier après-midi.
2. *(entrer)* Nous **...** entr**...** à l'université la même année.
3. *(arriver)* Le train de Marseille n'**...** pas encore arriv**...**
4. *(tomber)* La neige **...** tomb**...** toute la nuit.
5. *(rester)* Combien de temps **...**-vous rest**...** à Rome ?

6. *(venir)* Nous **...** ven**...** vous dire bonjour.
7. *(revenir)* Quand **...**-tu reven**...** d'Allemagne ?
8. *(devenir)* Elle **...** deven**...** insupportable.
9. *(mourir)* En quelle année Albert Camus **...**-il m**...** ?
10. *(naître)* Je **...** n**...** le**...** 19..

14 **Même exercice** (utilisez *être* ou *avoir*) :

(passer) Où ...-tu pass... tes vacances ?
→ *Où* ***as****-tu* ***passé*** *tes vacances ?*

...-il pass... par ici ?
→ ***Est****-il* ***passé*** *par ici ?*

1. *(retourner)* Vous n'**...** pas retourn**...** la crêpe : elle va brûler.
   Après le cours, je **...** retourn**...** à la bibliothèque.
2. *(monter)* Nous **...** mont**...** notre tente au camping.
   Est-ce que tous les passagers **...** mont**...** dans l'avion ?
3. *(descendre)* Nous **...** descend**...** le fleuve en bateau.
   Ils **...** descend**...** à la cave.
4. *(rentrer)* Est-ce que tu **...** rentr**...** la voiture au garage ?
   Nous **...** rentr**...** très tard hier soir.
5. *(sortir)* Est-ce que vous **...** sort**...** le champagne du réfrigérateur ?
   À quelle heure **...**-ils sort**...** ?

15 **Mettre la phrase au passé composé :**

A/ *Il ne parle jamais de son passé.* → *Il* ***n'a*** *jamais* ***parlé*** *de son passé.*

1. Elle ne sort pas ce matin. Elle ne travaille pas.
2. Elle n'a pas de chance dans la vie. Elle n'est pas heureuse.
3. Il ne fume plus depuis ce jour-là.
4. Je ne vois jamais de fantômes. Ils ne viennent jamais chez moi.
5. Je ne comprends pas encore.
6. Il ne voit rien, il n'entend rien, il ne veut rien savoir.
7. Depuis ce jour-là, il ne conduit plus.

B/ *Il ne voit personne.* → *Il* ***n'a vu*** *personne.*

8. Nous n'avons aucun problème. Nous ne demandons rien.
9. Il ne va nulle part. Il ne rencontre personne.
10. Mon frère n'écoute personne et n'accepte aucun conseil.

16 Écrivez la question au passé composé :

Où – vous – dîner – hier ?
→ *Où **avez-vous dîné** hier ?* → *Où est-ce que **vous avez dîné** hier ?*

1. Pourquoi – elle – épouser – ce garçon ?
2. Par quelle route – tu – passer ?
3. En quelle année – ils – vendre leur maison ?
4. À qui – vous – écrire ?
5. Quand – tu – arriver – à Lille ?
6. Comment – ils – apprendre – cette nouvelle ?
7. Que – elles – acheter ?
8. Quel cadeau – elle – offrir – à son mari ?
9. Combien de jours – il – rester – à Athènes ?
10. Combien – je – dépenser hier ?

17 Remplacez les ... par *il a* ou *il est* :

1. ... ouvert la porte.
2. ... entré.
3. ... resté un moment debout.
4. ... réfléchi.
5. ... fait quelques pas.
6. ... allé à la fenêtre.
7. ... regardé la rue.
8. ... revenu au milieu de la pièce.
9. ... sorti un paquet de l'armoire.
10. ... sorti.
11. ... fermé la porte.
12. ... marché.
13. ... couru.
14. ... jeté le paquet dans la rivière.

18 Mettez dans la case la lettre correspondant à la valeur du passé composé :

A. Action à un moment précis du passé.
B. Suite d'actions passées.
C. Durée limitée.

1. Le réveil a sonné tôt ce matin. ☐
2. Il est arrivé, a dit bonjour à tout le monde et il est entré dans son bureau. ☐
3. Qu'est-ce que tu as fait pendant le week-end ? ☐
4. Hier, notre avion a atterri à six heures du matin. ☐
5. Ils sont déjà venus plusieurs fois en France. ☐
6. Elle a attendu son copain pendant une demi-heure. ☐
7. Avant-hier, il a fait beau toute l'après-midi. ☐
8. Je suis entré dans la banque, j'ai fait la queue et j'ai retiré de l'argent. ☐
9. Avant son examen, elle a mal dormi. ☐
10. Le match de tennis a duré longtemps. ☐

19 Utilisez les éléments donnés pour faire une phrase au passé composé :

1. Ce matin – falloir partir très tôt.
2. Dimanche dernier – nous – jouer au golf.
3. Il y a quelques minutes – le facteur – sonner à la porte.
4. La nuit dernière – vous – prendre un taxi pour rentrer chez vous.
5. Pendant deux jours – je – dormir sans arrêt.
6. De huit heures à midi – le malade – rester dans la salle d'opération.
7. Jusqu'à sept heures du soir – les manifestants – défiler dans la rue.
8. Le 10 mai 1975 – Boris – naître à Moscou.
9. Tout à coup – elle – devenir furieuse – et – elle – commencer à crier.
10. Milou – disparaître quelques jours – puis – il – revenir.

20

A/ Mettez le verbe entre parenthèses au passé composé ou au passé proche selon le sens :

Le mot « fin » apparaît sur l'écran. Le film (finir).
→ *Le mot « fin » apparaît sur l'écran. Le film* ***vient de*** *finir.*

1. L'avion *(atterrir)*, les voyageurs se lèvent pour sortir.
2. Ce matin, l'avion *(décoller)* avec trente cinq minutes de retard.
3. Le train *(partir)*, je regarde le dernier wagon disparaître.
4. Elle achète sa première voiture. Elle *(passer)* son permis de conduire.
5. Le public du stade crie : un joueur *(marquer)* un but.

B/ Mettez au passé le verbe *aller* (attention le futur proche est toujours à l'imparfait) **:**

Vous allez rentrer.
→ *Vous* ***alliez*** *rentrer.*

Ils vont voir la mer.
→ *Ils* ***sont allés*** *(ou* ***allaient****) voir la mer.*

1. Ils vont arriver.
2. Vous allez partir.
3. Tu vas sortir.
4. Je vais composter les billets.
5. Nous allons faire une promenade.
6. Tu vas retirer de l'argent à la banque.
7. Vous allez chercher Luc à l'aéroport.
8. Le bébé va naître.
9. Ces arbres vont devenir très grands.
10. Elle va ouvrir la fenêtre.

21 Écrivez les verbes à l'imparfait ou au passé composé en imitant les exemples :

A/

Elle (vivre) longtemps seule, puis elle (rencontrer) l'homme de sa vie.
→ *Elle* ***a*** *longtemps* ***vécu*** *seule, puis elle* ***a rencontré*** *l'homme de sa vie.*

1. Est-ce que le téléphone *(sonner)* ? – Oui, mais nous *(ne rien entendre)*.
2. Ils *(acheter)* un bateau, ils *(faire)* le tour du monde.

3. Les musiciens de l'orchestre *(entrer)* et le public *(applaudir)*.
4. Est-ce que tu *(mettre)* mes lettres à la poste ? – Non, je *(oublier)* !
5. Quand elle *(apercevoir)* Zoé dans les bras de son mari, elle *(pousser)* un cri.

B/ *Nous* (avoir) *envie de nager, nous* (aller) *à la piscine.*
→ *Nous* ***avions*** *envie de nager, nous* ***sommes allés*** *à la piscine.*

1. Tout le monde *(attendre)*. Enfin, on *(annoncer)* le résultat des élections.
2. Hier soir, je vous *(téléphoner)*, vous *(être)* absent.
3. Cet acteur *(être)* inconnu. Il *(devenir)* célèbre.
4. Je *(descendre)* l'escalier. Tout à coup, je *(rater)* une marche et je *(tomber)*.
5. Elle *(venir)* d'arriver au Japon. Elle *(ouvrir)* un compte dans une banque japonaise.

22 Écrivez les verbes à l'imparfait ou au passé composé :

A/ Ce matin, Yannik *(dormir)* quand le téléphone *(sonner)*. Il *(courir)* jusqu'à l'appareil, il *(répondre)* mais il *(entendre)* une voix qu'il ne *(connaître)* pas. Ce *(être)* une erreur. Il *(retourner)* se coucher.

B/ À dix heures cinquante, mon train *(entrer)* en gare. Il *(avoir)* dix minutes de retard. Tous les voyageurs *(être)* déjà debout, ils *(vouloir)* descendre très vite. Moi, je *(rester)* assise, car Allan et Peter *(devoir)* m'attendre sur le quai. Je *(ouvrir)* la fenêtre et je *(chercher)* mes amis du regard. Je ne *(voir)* personne ! Alors, je *(descendre)* et je *(marcher)* jusqu'au bout du quai. Là, beaucoup de gens *(attendre)* : ils *(regarder)*, ils *(dévisager)* chaque voyageur ; ils *(craindre)* de laisser passer la personne attendue. Enfin, derrière eux, je *(apercevoir)* mes amis. Je *(courir)* vers eux. Contents de nous retrouver, nous *(partir)* aussitôt.

C/ Philippe et son ami Yvan *(aller)* voir un spectacle. Ce *(être)* un ballet. Ils *(savoir)* qu'il y *(avoir)* quelque chose de spécial dans ce ballet, mais quoi ?
Quand ils *(entrer)* dans la salle, une jeune femme *(accueillir)* les jeunes gens et *(indiquer)* à chacun sa place. Puis, ils *(attendre)* le début du spectacle. Ils *(lire)* le programme, mais il n'y *(avoir)* que le nom des danseurs. Ils ne *(connaître)* aucun de ces noms. Soudain, un homme immense *(venir)* s'asseoir devant Yann. Juste à ce moment-là, on *(éteindre)* les lumières. Yann ne *(voir)* plus rien et surtout il ne *(comprendre)* pas : Philippe *(mourir)* de rire, tout le monde *(rire)*, et Yann *(vouloir)* comprendre pourquoi. Alors, Philippe *(expliquer)* que tous les danseurs *(être)* nus !

23 Même exercice :

A/ Ce matin , je *(décider)* d'aller voir mon ami Robert à l'hôpital. Il *(venir)* d'avoir un accident ; ce n'*(être)* pas grave, mais il *(devoir)* rester une semaine en observation. Avant de partir, je *(choisir)* un livre dans ma bibliothèque : ce *(être)* un reportage sur l'Afrique. Je *(savoir)* que Robert *(aimer)* beaucoup ce genre de livres.
Je *(monter)* dans l'autobus, et je *(descendre)* à un arrêt tout proche de l'hôpital : je *(acheter)* une boîte de chocolats et je *(entrer)* dans la chambre de Robert. Je *(poser)*

le livre et les chocolats à côté de lui. Il *(dire)* merci. Nous *(bavarder)* quelques minutes : il *(raconter)* son aventure. Je *(rester)* peu de temps, je *(ne pas vouloir)* fatiguer mon ami. Donc, je *(repartir)*. Je *(ne plus rien craindre)* pour lui. Robert *(sembler)* en bonne forme.

B/ Sabine *(détester)* aller chez le coiffeur, mais il y a trois jours, elle *(regarder)* ses cheveux dans une glace : ils *(paraître)* vraiment trop longs ! Il *(falloir)* faire couper tout cela. Alors, elle *(prendre)* rendez-vous chez le coiffeur. Quand elle *(arriver)*, il *(coiffer)* une autre cliente. Elle *(attendre)* un peu, elle *(lire)* une revue, puis le coiffeur *(venir)* vers elle et il *(demander)* comment il *(pouvoir)* la coiffer. Elle *(répondre)* qu'il *(devoir)* faire à son idée.
À ce moment-là, il *(prendre)* ses ciseaux, *(observer)* le visage de Sabine et *(commencer)* à couper dans tous les sens. Pendant quelques instants ,elle *(avoir)* un peu peur, mais après la coupe et le séchage, Sabine *(sourire)* à son image dans le miroir et elle *(ressortir)* contente de sa nouvelle tête !

24 Même exercice :

A/ Ce *(être)* la fin de la journée. Victor Fournier *(rentrer)* chez lui, fatigué. Il *(avoir)* envie de prendre un bain. Mais, quand il *(arriver)* devant son immeuble, il *(voir)* des flammes. Il y *(avoir)* le feu !
D'habitude, à cette heure-là, beaucoup d'enfants *(être)* seuls chez eux et *(attendre)* le retour de leurs parents. Victor *(savoir)* bien cela. Alors, très vite, il *(courir)*, *(monter)* l'escalier, *(appeler)* les enfants et il *(conduire)* tout le monde au dernier étage.
Juste après, les pompiers *(arriver)* avec leur grande échelle et tous les enfants *(pouvoir)* être sauvés. Ce jour-là Victor Fournier *(devenir)* le héros du quartier !

B/ Sophie *(être)* au café. Elle *(écrire)* une lettre d'amour. Elle *(rêver)*, elle *(songer)*, elle *(choisir)* ses expressions, puis elle *(mettre)* son stylo dans ses cheveux et *(réfléchir)*. Elle *(devoir)* faire une belle lettre, il *(falloir)* trouver les mots justes, mais elle ne *(pouvoir)* pas, elle ne *(savoir)* pas exprimer les impressions qu'elle *(ressentir)*. Elle *(partir)* dans les nuages, elle *(être)* sur une autre planète.
Soudain, le garçon *(arriver)*, il lui *(demander)* ce qu'elle *(vouloir)*. Elle *(redescendre)* sur terre : « Un Perrier ». Il *(partir)* et il *(revenir)* très vite. Il *(servir)* Sophie, elle *(prendre)* son verre et *(boire)* rapidement. Elle *(mettre)* un billet sur la table, le garçon *(rendre)* la monnaie, puis elle *(repartir)* dans les nuages. Finalement, elle *(écrire)* sa lettre.

N.B. Voir aussi le chapitre 18 sur les verbes pronominaux.

17

Les compléments d'objet direct et indirect

SOMMAIRE

1-2-3-4-5	Verbes suivis d'un complément (COD, COI avec *à* ou *de*).
6	Verbes suivis de deux noms compléments.
7	Verbes suivis d'un nom et d'un infinitif complément.
8	Nom COD = infinitif complément avec *à* ou *de*.
9	RÉVISION.

1 **Choisissez dans la colonne de droite un nom qui complète le verbe :**

A/ Nom directement placé après le verbe = complément d'objet direct ou C.O.D. :

1. Ils écoutent ...	• le musée Picasso
2. Nous avons visité ...	• cet acteur
3. Tu n'aimes pas ...	• de la musique
4. Je lirai ...	• ses études
5. Elle finissait ...	• un bon roman

B/ Nom précédé de la préposition *à* = complément d'objet indirect ou C.O.I. (attention à la transformation des articles) :

1. Qu'est-ce que tu as répondu à ...	• votre avenir ?
2. Pensez-vous à ...	• mon patron
3. Elle manque à ...	• les cartes
4. Ils joueront à ...	• ses parents
5. Je n'ai pas écrit à ...	• le journaliste ?

C/ Nom précédé de la préposition de = complément d'objet indirect ou C.O.I. (attention à la transformation des articles) :

1. Je manque de ...	• ses difficultés
2. Nous n'avions pas peur de ...	• appartement
3. Parfois, elle parlait de ...	• les orages
4. Ils ont joué de ...	• argent
5. Bientôt, vous changerez de ...	• le violon

2

A/ Trouvez un complément au verbe :

1. Nous avons acheté ...
2. Ils ne regarderont pas ...
3. Est-ce que vous connaissez ...
4. J'ai reçu ...
5. Est-ce que tu as envoyé ...
6. N'oublie pas de téléphoner à ...
7. Il ressemblait beaucoup à ...
8. Est-ce que vous avez répondu à ...
9. Nous n'avons pas besoin de ...
10. J'avais très envie de ...

B/ Mettez un sujet et un verbe devant ces compléments :

1. ... de temps.
2. ... au tennis.
3. ... le fromage.
4. ... à Cédric.
5. ... ce reportage ?
6. ... de la musique.

3 Répondez à la question posée en imitant le modèle :

A/

Que manges-tu ? → Une poire.
→ Je mange une poire.

1. Qu'est-ce que vous avez perdu ?
2. Qui regardes-tu ?
3. Que voulez-vous ?
4. Qui attend-elle ?
5. Qu'est-ce que tu as apporté ?
6. Qui avez-vous rencontré ?

B/

***À** qui dois-tu écrire ? → **À** ma mère.*
*→ Je dois écrire **à** ma mère.*

1. À qui parle-t-elle ?
2. De qui parle-t-elle ?
3. À qui pensez-vous ?
4. À quoi pensez-vous ?
5. De quoi ont-ils peur ?
6. À quoi rêves-tu ?

C/

1. Qu'est-ce que tu regardes ?
2. A qui as-tu téléphoné ?
3. De quoi avons-nous besoin ?
4. Qui avez-vous invité ?
5. Qu'est-ce que vous cherchez ?
6. De qui as-tu peur ?

4 Mettez la préposition *à* ou *de* devant le nom complément chaque fois que c'est nécessaire :

1. Il pleut. Nous avons besoin ... un parapluie.
2. J'ai assisté ... une conférence sur le Sida.
3. La France fait partie ... la Communauté Economique Européenne.
4. Que pensez-vous ... ce musicien ?
5. Ils ont refusé ... mon invitation.
6. Ce cadeau a fait plaisir ... Laurence.

7. Les caissières rendent **...** la monnaie.
8. Est-ce que le mariage fait peur **...** tous les jeunes ?
9. Elle regrette **...** le départ de son copain.
10. Le dimanche, elle va voir **...** sa grand-mère.

5 Faites une phrase complète avec chacun des verbes suivants :

1. Jouer à.
2. Jouer de.
3. Parler à.
4. Parler de.
5. Profiter de.
6. Manquer à.
7. Manquer de.
8. Réfléchir à.
9. Raconter.
10. Rencontrer.

6 Composez une phrase en utilisant les deux compléments. Imitez le modèle :

A/ Donner quelque chose *à* quelqu'un :

donner – informations – étudiants. → *Elle donne des informations* ***aux*** *étudiants.*

1. prêter – livre – copain.
2. demander – chemin – jeune fille.
3. dire – vérité – mari.
4. promettre – voyage – femme.
5. écrire – lettre – amie.
6. emprunter – argent – oncle.
7. rendre – cassette vidéo – Didier.
8. raconter – voyage – fils.
9. annoncer – naissance du bébé – frère.
10. apporter – boissons – clients.

B/ Avertir quelqu'un *de* quelque chose :

avertir – voisins – fuite d'eau. → *Ils avertissent leurs voisins* ***d'****une fuite d'eau.*

1. remercier – Olivia – cadeau.
2. prévenir – police – vol.
3. féliciter – jeunes gens – mariage.
4. informer – voyageurs – retard du train.

C/ Attendre quelque chose *de* quelqu'un :

attendre – coup de fil – parents. → *Elle attend un coup de fil* ***de*** *ses parents.*

1. accepter – invitation – ministre.
2. recevoir – nouvelles – ami.
3. espérer – réponse – directeur.
4. obtenir – augmentation – patron.

7 Composez une phrase en imitant le modèle :

A/ Interdire *à* quelqu'un *de faire* quelque chose :

interdire → *Elle* ***interdit à*** *son fils* ***de*** *fumer.*

1. Demander
2. Dire
3. Permettre
4. Promettre
5. Conseiller
6. Proposer

B/ Obliger quelqu'un *à faire* quelque chose :

1. Inviter
2. Forcer
3. Aider

C/ Empêcher quelqu'un *de faire* quelque chose :

1. Remercier
2. Empêcher
3. Persuader

8

A/ Remplacez le COD par un infinitif de même sens :

Ils désirent une boisson. → Ils désirent ***boire****.*

1. Est-ce que vous aimez la natation ?
2. Est-ce que tu préfères le jeu ?
3. Je déteste les déménagements.
4. Il souhaite un travail.
5. Ils ne veulent pas le divorce.
6. Aimes-tu le ski ?

B/ Même exercice (attention à la préposition devant l'infinitif) :

proposer de : Il propose une marche. → Il propose ***de marcher****.*

1. *(continuer à)* Ils continuent la course.
2. *(commencer à)* Est-ce que tu commences le dessin ?
3. *(accepter de)* Nous avons accepté un voyage avec lui.
4. *(interdire de)* Dans cette rue, on va interdire le stationnement.
5. *(décider de)* Le chirurgien a décidé l'opération.

9

Complétez le texte par les prépositions *à* ou *de* chaque fois que c'est nécessaire :

« Ariel, est-ce que tu as aussi manqué **...** le cours d'anglais ? Moi, j'ai préféré **...** travailler à la maison car je commence **...** avoir peur **...** l'examen.

– Non, bien sûr, j'ai assisté **...** ce cours et j'ai pris **...** des notes, mais le professeur a parlé **...** l'année prochaine, et tu as eu tort **...** ne pas venir.

– Oui, je sais, mais je voulais finir **...** préparer **...** mon exposé pour lundi. Dis, tu n'as sans doute pas besoin **...** tes notes aujourd'hui, est-ce que je pourrai **...** les photocopier cet après-midi ?

– Évidemment ! Je n'aime pas **...** prêter **...** mes affaires **...** n'importe qui, mais avec toi, ce n'est pas pareil ! Prends **...** mon classeur, mais n'oublie pas **...** me rendre mes notes.

– Je te promets **...** tout rapporter demain. Merci d'aider **...** tes copains ! »

N.B. Voir aussi le chapitre 10 sur l'interrogation et le chapitre 22 sur les prépositions.

18

Les verbes pronominaux

SOMMAIRE

1-2	Verbes pronominaux réfléchis.
3	Verbes pronominaux réciproques.
4	Autres verbes pronominaux.
5	Infinitif des verbes pronominaux.
6	Faux-amis.

1

A/ Mettez les verbes au présent :

Le matin, je me réveille, je m'étire et je me lève.
tu te ...
il se ...
nous nous ...
vous vous ...
ils se ...

B/ Refaites toutes les phrases au passé composé (attention, on utilise *être*) **:**

Hier matin, je me ***suis*** *réveillé(e), je me* ***suis*** *étiré(e), et je me* ***suis*** *levé(e).*

2 Mettez les verbes aux temps indiqués :

1. Futur : Demain, tu *(se coucher)* tôt, tu *(s'endormir)* vite.
2. Imparfait : Les enfants *(s'amuser)* bien, ils ne *(s'ennuyer)* pas du tout.
3. Présent : Tous les matins, il *(se laver)*, il *(se raser)*.
4. Présent : Elle *(se coiffer)*, elle *(se maquiller)* et elle *(s'habiller)*.
5. Passé composé : Hier, nous *(se promener)* dans la forêt et nous *(se perdre)*.
6. Présent : Elle *(se regarder)* dans la glace et elle *(se sourire)*.
7. Futur : Nous *(s'installer)* dans un autre pays et nous *(s'habituer)* à notre nouvelle vie.
8. Imparfait : Plus il *(s'approcher)*, plus je *(s'éloigner)*.
9. Passé composé : Je *(se tromper)* de route et je *(s'arrêter)* pour demander mon chemin.
10. Imparfait : Est-ce que, tout jeune, tu *(s'intéresser)* déjà à la musique ?

3 Mettez les verbes aux temps indiqués :

1. Présent : Ils *(se voir)* souvent, ils *(se téléphoner)* et ils *(s'écrire)* aussi.
2. Futur : Un jour, on *(se rencontrer)*, on *(se sourire)* et on *(se parler)*.
3. Imparfait : Frédéric et moi, nous *(s'interroger)* sans arrêt, nous *(se poser)* beaucoup de questions.
4. Passé composé : En quelle année est-ce que vous *(se marier)* et en quelle année est-ce que vous *(se séparer)* ?

4 Mettez les verbes aux temps indiqués :

1. Imparfait : À cette époque-là, nous *(se disputer)* souvent et alors, tu *(s'en aller)* chaque fois furieux.
2. Passé composé : Je *(se souvenir)* de mon rendez-vous, je *(se dépêcher)*.
3. Présent : Elle devient pâle, elle *(se taire)* puis elle *(s'évanouir)*.
4. Futur : Est-ce que vous *(s'occuper)* de l'organisation de cette fête ?
5. Présent : Les enfants *(se moquer)* toujours de Rémi. Alors, il *(s'échapper)* et il *(s'enfuir)*.

5 Construisez les phrases au présent (attention aux pronoms) :

Devoir s'en aller : *Je ...* → ***Je** dois **m'**en aller.*

1. *(Aller se reposer)*. Nous **...**
2. *(Aimer se disputer)*. On ne **...** pas **...**
3. *(Venir de se marier)*. Ils **...**
4. *(Préférer se taire)*. Je **...**
5. *(Vouloir s'amuser)*. Tu **...**
6. *(Espérer ne pas se tromper)*. Elle **...**
7. *(Commencer à se sentir bien)*. Je **...**
8. *(Continuer à se voir)*. Nous **...**
9. *(Décider de se retrouver au café)*. Vous **...**
10. *(Détester se coucher tôt)*. Tu **...**

6 Mettez les verbes aux temps indiqués :

entendre : Présent → *Les personnes âgées n'... pas toujours bien.*
→ *Les personnes âgées n'**entendent** pas toujours bien.*

s'entendre avec : Présent → *Elle ... bien avec sa belle-mère.*
→ *Elle **s'entend** bien **avec** sa belle-mère.*

1. *(décider de) :* Passé composé – Je **...** de mener une vie plus régulière.
   (se décider à) : Passé composé – À deux heures du matin, il **...** à partir.

2. *(apercevoir) :* Présent – De ma fenêtre, je **...** les arbres de la forêt.
   (s'apercevoir de) : Passé composé – Il ne **...** pas **...** de son erreur.
3. *(servir à) :* Présent – À quoi **...** un aspirateur ?
   (se servir de) : Présent – Pour déboucher une bouteille, on **...** d'un tire-bouchon.
4. *(attendre) :* Imparfait – Je **...** Louis depuis une heure. Enfin, il est arrivé.
   (s'attendre à) : Imparfait – Nous ne **...** pas à ce résultat.
5. *(rendre) :* Passé composé – Est-ce que tu **...** son disque à ton copain ?
   (se rendre à) : Futur – L'année prochaine, nous **...** au Festival de Cannes.
6. *(trouver) :* Passé composé – Est-ce que tu **...** ce mot dans le dictionnaire ?
   (se trouver) : Présent – Notre maison de campagne **...** près de Bordeaux.
7. *(mettre) :* Impératif – **...** tes bottes ! Il pleut.
   (se mettre à) : Passé composé – J'ai dit une bêtise. Ils **...** à rire.
8. *(produire) :* Présent – La Martinique **...** des bananes et des ananas.
   (se produire) : Passé composé – Quel événement important **...** en 1789 en France ?
9. *(passer) :* Passé composé – Est-ce que vous **...** une bonne journée ?
   (se passer) : Passé composé – Que **...**-il **...** hier ?
10. *(arrêter) :* Passé composé – Ils **...** leurs études.
    (s'arrêter de) : Passé composé – Est-ce que tu **...** de fumer ?

N.B. Voir aussi le chapitre 20 sur l'accord des participes passés des verbes pronominaux et le chapitre 19 n° 15 sur les pronoms personnels.

19

Les pronoms personnels

SOMMAIRE

1	Les pronoms personnels toniques (***moi***, ***toi***, etc.).
2	***Le, la, l', les***: pronoms personnels COD.
3	***En***: pronom COD.
4	***Lui, leur*** (***à lui, à elle, à eux, à elles***): pronoms personnels COI.
5	***Y***: pronom COI ou complément de lieu.
6	***En***: pronom COI ou complément de lieu.
7	Impératif.
8 à 12	RÉVISION.
13	***Me, te, nous, vous***: pronoms COD.
14	***Me, te, nous, vous***: pronoms COI.
15	Emploi des pronoms dans les verbes pronominaux.
16	Impératif.
17	Emploi des doubles pronoms.
18	Impératif avec les doubles pronoms.
19	RÉVISION.
20-21	Verbes suivis d'un infinitif: place des pronoms.
22	Impératif.
23-24	RÉVISION GÉNÉRALE.

1 Écrivez le pronom personnel tonique qui convient:

A/ → ***Toi***, *tu habites dans une ville,* ***moi***, *j'habite à la campagne.*

1. **...** , vous apprenez le chinois, **...** , nous étudions l'arabe.
2. **...** , je fais du judo, **...** , tu joues au golf.
3. Florence, **...** , aime la marche.
4. Bob, **...** , est champion de ski.
5. **...** , ils sont sportifs, **...** , elles préfèrent le cinéma.

B/
1. Est-ce que ce sac est à toi ? Non, il n'est pas à **...**
2. Ils ont invité leurs amis chez **...** samedi dernier.
3. Il est petit. Elle paraît très grande à côté de **...**
4. Viens avec **...**! Nous allons voir une exposition de photos.
5. Tu connais Martine ? Jean est capable de tout pour **...** , il est fou d'**...**

2 Choisissez une réponse affirmative ou négative en remplaçant le nom complément d'objet direct par un des pronoms *le (l'), la (l')* ou *les*.

A/ *Est-ce que tu lis **le journal / ce journal / ton journal** tous les soirs ?*
→ *Oui, je **le** lis tous les soirs. / Non, je ne **le** lis pas tous les soirs.*

1. Est-ce que tu écoutes la radio tous les matins ?
2. Est-ce que vous regarderez le match à la télévision ?
3. De votre chambre d'hôtel, est-ce que vous verrez la mer ?
4. Est-ce qu'il accepte les critiques ?
5. Est-ce que tu aimes les bandes dessinées ?

B/
1. Connais-tu ces chanteurs ?
2. Écoute-t-elle souvent ce disque ?
3. Mettras-tu cette jupe ce soir ?
4. Est-ce qu'ils prennent cet avion ?
5. Veux-tu ces livres ?
6. Lirez-vous cet article ?

C/
1. Avez-vous votre carte de séjour ?
2. Est-ce que tu as retrouvé ton sac ?
3. Est-ce qu'elle détestait sa belle-mère ?
4. Descendras-tu mes valises ?
5. A-t-il emporté son ordinateur ?
6. Paient-ils leurs factures ?

D/ Attention à l'accord du participe passé :

*As-tu apporté **ta raquette** de tennis ?* → *Oui, je **l'**ai apport**ée**. / Non, je ne **l'**ai pas apport**ée**.*

1. Avez-vous perdu vos papiers ?
2. Avez-vous photographié la Tour Eiffel ?
3. A-t-il photocopié ces documents ?
4. A-t-on filmé cette scène à Venise ?
5. Roméo a-t-il aimé Juliette ?
6. A-t-elle montré ses photos ?

3 Choisissez une réponse affirmative ou négative en remplaçant le nom COD par le pronom *en*.

A/ *Avez-vous **une idée** ?* → *Oui, j'**en** ai **une**. / Non, je n'**en** ai pas.*

1. Est-ce que tu as un problème ?
2. Est-ce que tu poseras une question ?
3. Est-ce qu'ils veulent une petite fille ?
4. Est-ce qu'on prend un taxi ?
5. Est-ce que tu bois un café ?
6. As-tu fait un dessert pour le dîner ?

B/ *Lisez-vous **des romans** policiers ?* → *Oui, j'**en** lis. / Non, je n'**en** lis pas.*

1. Portez-vous des lunettes de soleil ?
2. Est-ce que tu achèteras des fruits ?
3. Ont-ils demandé des conseils ?
4. Y a-t-il des fantômes chez vous ?
5. Casse-t-elle souvent des verres ?
6. Est-ce qu'il fait des bêtises ?

C/ *Avez-vous entendu **du bruit** ?*
→ *Oui, j'**en** ai entendu. / Non, je n'**en** ai pas entendu.*

1. Est-ce que vous voulez du vin ?
2. Avez-vous de la mémoire ?
3. As-tu pris de l'argent dans mon sac ?
4. Est-ce qu'elle a de la patience ?
5. Avez-vous fait de la musique ?
6. Reprenez-vous du thé ?

D/

*Combien de **frères** as-tu ?*
→ *J'**en** ai **trois**. / Je n'**en** ai **aucun**.*

1. Combien de bouteilles achètera-t-il ?
2. Combien de tartines est-ce que tu prends le matin ?
3. Combien de tasses de café buvez-vous chaque jour ?
4. Combien d'enfants est-ce qu'ils ont ?
5. Combien d'étages y a-t-il dans cet immeuble ?

E/

*Dis-tu **quelques mots** de coréen ?*
→ *Oui, j'**en** dis **quelques-uns**.*
→ *Non, je n'**en** dis **aucun**.*

*Avez-vous **plusieurs amies** coréennes ?*
→ *Oui, j'**en** ai **plusieurs**.*
→ *Non, je n'**en** ai **aucune**.*

1. Prendras-tu quelques photos ?
2. Est-ce qu'il a écrit plusieurs livres ?
3. A-t-il bu plusieurs verres de cognac ?
4. Avez-vous fait plusieurs erreurs ?
5. Reste-t-il quelques bouteilles ?
6. Ai-je oublié quelques détails ?

F/

*Planteras-tu **beaucoup de** fleurs ?*
→ *Oui, j'**en** planterai **beaucoup**. / Non je n'**en** planterai **pas beaucoup**.*

1. Est-ce qu'elle a visité beaucoup de pays ?
2. As-tu gagné un peu d'argent ?
3. Est-ce que nous faisons trop de bruit ?
4. Est-ce qu'il y a assez de vent pour faire du bateau ?
5. Est-ce qu'ils ont beaucoup de problèmes ?

4 Choisissez une réponse affirmative ou négative en remplaçant le complément d'objet indirect par un des pronoms *lui* ou *leur*.

A/

*Est-ce que tu as écrit **à Mario (à Paula)** ?*
→ *Oui, je **lui** ai écrit. / Non, je ne **lui** ai pas écrit.*

1. Est-ce qu'elle a parlé à son père ?
2. Avez-vous téléphoné à votre avocat ?
3. Est-ce que tu ressembles à ta grand-mère ?
4. Est-ce qu'il a répondu poliment à cette cliente ?
5. Est-ce que Paul plaît à Virginie ?

B/ ⚠

*Est-ce que tu penses **à Jacques (à Anne)** ?*
→ *Oui, je pense **à lui (à elle)**. / Non, je ne pense pas **à lui** (pas **à elle**).*

1. Est-ce que tu penses à ta mère ?
2. Est-ce que tu penseras à ton cousin, le jour de sa fête ?
3. Est-ce que tu as pensé à tes amis pendant leur absence ?
4. Est-ce que tu pensais souvent à tes amies ?

C/

Est-ce que vous êtes fier ***de votre fils (de votre fille)*** *?*
→ *Oui, je suis fier* ***de lui (d'elle)***

1. Est-ce que tu as encore besoin de ta maman ?
2. Est-ce qu'elle a peur de son patron ?
3. Est-ce que tu es amoureux de cette fille ?
4. Est-ce qu'elle parle souvent de ses trois maris ?
5. Est-ce qu'elle est jalouse de ses soeurs ?

5

A/ Répondez en remplaçant le complément d'objet indirect par le pronom *y*.

Est-ce que tu as assisté ***à cette fête*** *?*
→ *Oui, j'****y*** *ai assisté. / Non, je n'****y*** *ai pas assisté.*

1. Est-ce qu'il réfléchit à cette possibilité ?
2. Est-ce que vous pensez souvent à votre départ ?
3. Est-ce que tu répondras à cette question ?
4. Est-ce qu'ils désobéissent toujours aux ordres ?
5. Est-ce qu'elles jouent au volley-ball chaque semaine ?

B/ Répondez en remplaçant le complément de lieu par le pronom *y*.

Est-ce que tu vas souvent ***à la piscine*** *?*
→ *Oui, j'****y*** *vais deux fois par semaine. / Non, je n'****y*** *vais jamais.*

1. Est-ce que tu es allé au Musée d'Art Moderne ?
2. Est-ce qu'ils resteront longtemps à Milan ?
3. Est-ce que vous avez toujours habité dans cette rue ?
4. Est-ce que les vélos sont dans le garage ?
5. Combien de temps a-t-il vécu en Malaisie ?

6

A/ Choisissez une réponse affirmative ou négative en remplaçant le complément d'objet indirect par le pronom *en* :

Est-ce que tu es heureux ***de ta nouvelle vie*** *?*
→ *Oui, j'****en*** *suis heureux. / Non, je n'****en*** *suis pas heureux.*

1. Est-ce que tu manques d'argent ?
2. Est-ce que vous avez changé de voiture ?
3. Est-ce qu'elle joue bien du piano ?
4. As-tu besoin de ce dictionnaire en ce moment ?
5. Es-tu triste de ce changement ?

B/ Répondez en remplaçant le complément de lieu par le pronom *en* :

À quelle heure est-ce que l'avion repartira ***de l'aéroport d'Orly*** *?*
→ *Il* ***en*** *repartira à seize heures.*

1. Est-ce que tu descendras de l'autobus au prochain arrêt ?

2. Est-ce qu'il est déjà sorti de la banque ?
3. Est-ce que ta maison est proche de la gare ?
4. Est-ce qu'il est rentré de son voyage ?
5. Est-ce que tu viens du Sud de la Norvège ?

7 Remplacez le complément par un pronom à l'impératif affirmatif ou négatif :

A/ *Regarde* ***cette affiche*** *! → Regarde-****la*** *! / Ne* ***la*** *regarde pas !*

1. Ouvre la fenêtre !
2. Répète ce mot !
3. Eteignez les lumières !
4. Cherche la solution !
5. Suivez mon plan !
6. Jetez ces papiers !

B/ *Parle* ***à ton voisin*** *! → Parle-****lui*** *! / Ne* ***lui*** *parle pas !*

1. Téléphonez à ce dentiste !
2. Ecris à tes grands-parents !
3. Réponds à Sophie !
4. Souriez au photographe !
5. Obéis à ton mari !
6. Parlez à ces journalistes !

C/ *Apporte* ***du champagne*** *! → Apporte****s-en*** *! / N'****en*** *apporte pas !*

1. Achète de la confiture !
2. Offre des fleurs !
3. Prenez des vitamines !
4. Change de métier !
5. Sors de ta chambre !
6. Cueille des fruits !

D/ *Pense* ***à ton rendez-vous*** *! → Pense****s-y*** *! / N'****y*** *pense pas !*

1. Joue au poker !
2. Réfléchissez à notre situation !
3. Reste dans cette entreprise !
4. Va à la banque !
5. Allons à cette réunion !
6. Retourne à la poste !

8 Répondez en remplaçant les compléments par des pronoms :

1. Est-ce que tu prends ton parapluie ?
   Est-ce que tu prends un parapluie ?
2. Est-ce que vous avez bu votre café ?
   Est-ce que vous avez bu du café ?
3. Ont-ils réservé leurs billets d'avion ?
   Ont-ils réservé des billets d'avion ?
4. Verras-tu ces films ?
   Verras-tu beaucoup de films ?
5. As-tu envoyé ta lettre ?
   As-tu envoyé une lettre ?
6. Ont-ils visité ces musées ?
   Ont-ils visité des musées ?

9 Remplacez les compléments par des pronoms personnels :

1. Tu aimes beaucoup ton cousin.
2. Tu téléphones à ton cousin.
3. Vous écrivez à vos parents.
4. Vous remerciez vos parents.
5. Ils rencontrent Sophie.
6. Ils disent bonjour à Sophie.
7. Ils embrassent Sophie.
8. Nous avons invité nos amis.
9. J'ai demandé à nos amis de venir.
10. Nous attendons nos amis.

10 Répondez en remplaçant le complément par le pronom qui convient :

1. Est-ce que tu répondras à Paula ?
2. Est-ce que tu as répondu à sa lettre ?
3. Est-ce que tu as assisté à ce concert ?
4. Ce blouson appartient-il à Marco ?
5. Ces cadeaux feront-ils plaisir aux Lepic ?
6. A-t-il touché à mes papiers ?
7. Ressemblent-ils à leur mère ?
8. Olivia manque-t-elle à ses parents ?
9. As-tu pensé à cette solution ?
10. Est-ce que tu penses à cette fille ?

11 Même exercice :

1. Es-tu content de ton séjour à Prague ?
2. Est-ce qu'ils sont revenus de Hongrie ?
3. Est-elle arrivée facilement à ce résultat ?
4. A-t-il participé à cette course ?
5. Faites-vous partie de ce club de judo ?
6. Sont-ils allés en Pologne ?
7. Ont-ils peur du terrorisme ?
8. Ont-ils peur des terroristes ?
9. Ont-ils parlé de la grève ?
10. Ont-ils parlé des jeunes chômeurs ?

12 Remplacez le complément par le pronom qui convient :

1. Oublie ton chagrin d'amour !
2. Change de travail !
3. Quitte ton pays !
4. Va en Amérique !
5. N'aie pas peur du changement !
6. Pense à l'avenir !
7. Fais tes valises !
8. Ne dis rien à tes copains !
9. Téléphone vite à Stéphanie !
10. Pars avec Stéphanie !

13 Choisissez une réponse affirmative ou négative en employant le pronom COD qui convient *me, te, nous, vous*.

A/ *Est-ce que tu **me** comprends ? → Oui, je **te** comprends. / Non, je ne **te** comprends pas.*

1. Est-ce que vous nous attendiez ?
2. Est-ce qu'il te raccompagnera ?
3. Est-ce qu'ils vous détestent ?
4. Est-ce que vous m'écoutez ?
5. Est-ce que tu m'aimes ?
6. Est-ce qu'elle t'entend ?

B/ Attention à l'accord du participe passé.

*Est-ce que tu **m'**as reconnu(e) ?*
*→ Oui, je **t'**ai reconnu(e). / Non, je ne **t'**ai pas reconnu(e).*

1. Est-ce qu'il t'a regardé(e) ?
2. Est-ce que nous vous avons remercié(e) s ?
3. Est-ce que tu m'as pris(e) en photo ?
4. Est-ce que vous nous avez attendu(e)s longtemps ?
5. Est-ce que vous m'avez appelé(e), hier, au téléphone ?

14 Choisissez une réponse affirmative ou négative en employant un des pronoms COI *me (m'), te (t'), nous, vous*.

A/

*Est-ce que tu **m**'écriras ?*
→ *Oui, je **t**'écrirai bientôt.*
→ *Non, je ne **t**'écrirai pas.*

1. Est-ce que tu m'apportes quelque chose ?
2. Est-ce que je te plais avec cette coiffure ?
3. Est-ce que vous nous répondrez ?
4. Est-ce que vos filles vous ressemblent ?
5. Est-ce qu'elle te dit tout ?

B/

*Est-ce que tu **m**'as écrit ?*
→ *Oui, je **t**'ai écrit.*
→ *Non, je ne **t**'ai pas écrit.*

1. Est-ce qu'elle vous a souri ?
2. Vous a-t-il dit merci ?
3. Qu'est-ce que tu m'as apporté ?
4. Est-ce que cela t'a plu ?
5. Qu'est-ce qu'elle t'a demandé ?

15 Choisissez une réponse affirmative ou négative en employant des verbes pronominaux :

A/ Remarquez les deux pronoms : sujet, COD.

*Est-ce que **vous vous** verrez à Chicago ?* → *Non, **nous** ne **nous** verrons pas à Chicago.*

1. Est-ce qu'ils s'aiment ?
2. Est-ce que vous vous couchez tard ?
3. Nous rencontrerons-nous une autre fois ?
4. Est-ce que je me trompe ?
5. Te lèves-tu toujours aussi tôt ?
6. Est-ce qu'ils se voient souvent ?

B/ Remarquez les deux pronoms : sujet, COI.

*Est-ce que **vous vous** téléphonez souvent ?* → *Oui, **nous nous** téléphonons très souvent.*

1. Est-ce que vous vous écrirez bientôt ?
2. Est-ce qu'elles se ressemblent beaucoup ?
3. Est-ce que vous vous dites adieu ?
4. Nous sommes-nous tout dit ?
5. Se sont-ils parlé longtemps ?
6. Est-ce que vous vous plaisez ?

16

A/ Mettez les verbes à l'impératif négatif :

*Appelle-**moi** ce soir !* → *Ne **m**'appelle pas ce soir !*

1. Oublie-moi !
2. Attendez-nous !
3. Assieds-toi !
4. Servez-vous avant elle !
5. Regarde-toi dans la glace !
6. Éloignons-nous !
7. Arrêtez-vous !
8. Ecrivez-nous tout de suite !
9. Laisse-moi seul !
10. Parle-moi !

B/ Mettez les verbes à l'impératif affirmatif :

*Ne **vous** levez pas !* → *Levez-**vous** !*

1. Ne vous approchez pas !
2. Ne te tais pas !
3. Ne me dis rien !
4. Ne te sers pas de ce couteau-là !
5. Ne t'appuie pas là-dessus !
6. Ne vous occupez pas de moi !
7. Ne pensez pas à moi !
8. Ne me téléphone pas avant ce soir !
9. Ne m'embrasse pas !
10. Ne nous marions pas !

17 Choisissez une réponse affirmative ou négative en employant des pronoms :

A/ *Diras-tu **la vérité à Nicolas** ?*
→ *Oui, je **la lui** dirai. Non, je ne **la lui** dirai pas.*

1. Est-ce que vous apporterez ce bouquet à Charlotte ?
2. Présenteras-tu tes excuses à ton patron ?
3. Est-ce qu'elle montrait ses sentiments à ses enfants ?
4. Est-ce que tu as souhaité sa fête à Catherine ?
5. Ferez-vous cette surprise à vos parents ?

B/ *Est-ce que tu **me** prêtes **ton vélo** ?*
→ *Oui, je **te le** prête. / Non, je ne **te le** prête pas.*

1. Est-ce que vous nous raconterez votre histoire ?
2. Me proposera-t-il son aide ?
3. Est-ce que tu me donneras ton adresse ?
4. Quand me rapporteras-tu mes cassettes ?
5. Est-ce qu'on nous posera ces questions à l'examen ?
6. Est-ce que je t'ai annoncé mon départ ?

C/ *Est-ce que tu as emprunté **de l'argent à Jean-Luc** ?*
→ *Oui, je **lui en** ai emprunté. / Non, je ne **lui en** ai pas emprunté.*

1. Est-ce que tu as pris une cravate à ton père ?
2. Est-ce qu'ils vous ont réclamé une facture ?
3. Paieront-ils des études supérieures à leurs enfants ?
4. Est-ce qu'ils se servent encore de leur vieille voiture ?
5. Est-ce que tu me donneras de tes nouvelles ?
6. Est-ce que tu te souviendras de mon numéro de téléphone ?

D/ *Emmènerez-vous **ces touristes à Chamonix** ?*
→ *Oui, je **les y** emmènerai./ Non, je ne **les y** emmènerai pas.*

1. Est-ce que tu as remis les clés dans le tiroir ?
2. Avez-vous rencontré Marie à Tahiti ?
3. Est-ce que vous vous êtes mis au travail ?
4. Est-ce que tu t'intéresses encore à la politique ?
5. Est-ce que je m'habituerai un jour à votre accent ?

18 Remplacez les compléments par les pronoms qui conviennent, puis mettez le verbe à l'impératif négatif :

A/ *Envoie **ta lettre au directeur** ! → Envoie-**la-lui** ! / Ne **la lui** envoie pas !*

1. Portez ce paquet aux voisins !
2. Donnez ces fleurs à Myriam !
3. Faites vos critiques à l'hôtesse !
4. Chante cette chanson à Camille !
5. Propose tes photos à ce publiciste !
6. Explique ton problème à Marc !

B/ *Apportez-**moi votre dossier** ! → Apportez-**le-moi** ! / Ne **me l'**apportez pas !*

1. Rendez-moi la monnaie !
2. Achète-moi le journal !
3. Passez-nous la carte !
4. Lis-nous le menu !
5. Lave-toi les cheveux maintenant !
6. Renvoie-moi ces documents !

C/ *Laissez **du temps aux candidats** ! → Laissez-**leur-en** ! / Ne **leur en** laissez pas !*

1. Donnez-moi du chocolat noir !
2. Parle de ce projet à ta cousine !
3. Sers-toi de mon fax !
4. Demandons de l'aide aux voisins !
5. Préparez-nous du punch !
6. Passez-vous de tabac !

D/ **Remplacez le complément par le pronom qui convient :**

*Méfie-**toi de cet homme** !*
*→ Méfie-**toi de lui** !*

*Méfie-**toi des embouteillages** !*
*→ Méfie **t'en** !*

1. Parle-moi de Sylvie !
   Parle-moi de tes projets !
2. Souviens-toi de tes copains !
   Souviens-toi de tes promesses !
3. Occupe-toi de tes affaires !
   Occupe-toi de ces clientes !
4. Ne te moque pas de ton frère !
   Ne te moque pas de mon accent !
5. Intéresse-toi aux autres !
   Ne t'intéresse pas trop aux sports !
6. Habituez-vous à ce chef !
   Habituez-vous au climat !

19 **Choisissez une réponse affirmative ou négative en employant les pronoms qui conviennent** (attention à l'accord des participes passés) :

1. Est-ce qu'il t'a fait des excuses ?
   Est-ce qu'il t'a fait ses excuses ?
2. A-t-elle caché son problème à ses filles ?
   A-t-elle caché un problème à ses filles ?
3. L'architecte présentera-t-il son projet au président ?
   L'architecte présentera-t-il un projet au président ?
4. Ont-ils donné leurs coupes aux gagnants ?
   Ont-ils donné des coupes aux gagnants ?
5. Vous a-t-il offert sa place ?
   Vous a-t-il offert une place ?

20 **Choisissez une réponse affirmative ou négative en employant le pronom personnel qui convient :**

A/ *Vas-tu **faire ce voyage** ? → Oui, je vais **le faire**. / Non, je ne vais pas **le faire**.*

1. Peux-tu fermer la fenêtre ?
2. Devez-vous bientôt rendre ces livres ?
3. Arrives-tu à faire ces exercices ?
4. Avez-vous oublié de prévenir Ségolène ?
5. As-tu commencé à lire un roman ?
6. Est-ce qu'elle veut vous voir ?
7. As-tu essayé de me parler ?
8. Aimez-vous vous promener le soir ?
9. Voulez-vous prendre l'apéritif ?
10. Vas-tu enfin réfléchir à ton avenir ?

B/ *Faut-il demander* ***son avis à ton père*** *?*
→ *Oui, il faut* ***le lui*** *demander. / Non, il ne faut pas* ***le lui*** *demander.*

1. Peux-tu me photocopier cet article ?
2. Est-ce qu'il vient de parler à Jean-Pierre de son idée ?
3. Est-ce que je dois ranger mes affaires dans ce placard ?
4. Est-ce que tu apprendras à te servir du camescope ?
5. L'hôtesse a-t-elle fini de servir leur repas aux passagers ?

C/ *Avez-vous fait réparer* ***la voiture*** *?*
→ *Oui, je* ***l'ai fait*** *réparer. / Non, je* ***ne l'ai pas fait*** *réparer.*

1. Est-ce que vous ferez faire des travaux chez vous ?
2. Est-ce qu'on laisse entrer les chiens ici ?
3. Est-ce qu'elle a laissé Pierre jouer dehors ?
4. Est-ce que cette société fait travailler ces jeunes ?
5. Est-ce qu'ils ont laissé parler l'accusé ?

21 Choisissez une réponse affirmative ou négative en employant le pronom qui convient :

1. Est-ce que tu commences à connaître nos habitudes ?
2. Est-ce que vous voulez bien répéter votre question ?
3. A-t-il refusé de vous servir ?
4. Est-ce qu'ils feront venir des pamplemousses d'Israël ?
5. Est-ce que tu es arrivé à te servir de cet ordinateur ?
6. Avez-vous pensé à téléphoner au médecin ?
7. Est-ce que vous devez assister à cette réunion ?
8. Vas-tu te laver les mains avant le dîner ?
9. Est-ce que vous pouvez emmener les enfants à l'école ?
10. Est-ce que tu laisseras partir tes filles ?

22 Remplacez le complément par un pronom, puis mettez la phrase à l'impératif négatif :

A/ *Va mettre* ***le couvert*** *tout de suite !*
→ *Va* ***le*** *mettre tout de suite ! / Ne va pas* ***le*** *mettre tout de suite !*

1. Va poster ces lettres !
2. Allez téléphoner aux pompiers !
3. Acceptez de faire ce travail !
4. Refusez d'aller dans ce bistrot !
5. Arrête de dire des bêtises !
6. Essaie de dire ça à Yann !

B/ Même exercice (attention à la place du pronom à l'impératif négatif) :

> ***Laisse*** *pleurer* ***le bébé*** *!*
> → ***Laisse-le*** *pleurer ! / Ne* ***le laisse*** *pas pleurer !*

1. Faites entrer ces visiteurs !
2. Faites repeindre votre studio !
3. Fais rire ton petit frère !
4. Laisse parler les autres !
5. Laissez sortir les enfants !
6. Laisse courir le chien !

23 Remplacez les pointillés par les pronoms qui conviennent, puis choisissez une réponse affirmative ou négative :

> *J'ai remarqué cette affiche, et toi, ... as-tu remarquée aussi ?*
> → *J'ai remarqué* ***cette affiche****, et toi,* ***l'****as-tu remarquée aussi ?*

1. J'ai déjà lu ce livre, et toi, **...** as-tu déjà lu ?
2. J'ai téléphoné à Bernard, et toi, **...** as-tu téléphoné ?
3. Je m'intéresse à l'histoire de l'art et toi, **... ...** intéresses-tu ?
4. J'ai besoin de ce médicament, et toi, **...** as-tu besoin aussi ?
5. J'ai expliqué ma situation aux autres, et toi, **...** as-tu expliqué la tienne ?
6. J'ai posé cette question à mon médecin, et toi, **... ...** as-tu posée ?
7. Je me désintéresse de la politique, et toi, **... ...** désintéresses-tu ?
8. Annabel m'a volé de l'argent, et à toi, **... ...** a-t-elle volé ?
9. Jean m'a montré son nouveau studio, et à toi, **... ...** a-t-il montré ?
10. J'ai offert des fleurs à Mathilde, et toi, **... ...** as-tu offert ?

24 Remplacez les pointillés par le pronom qui convient :

Sur le divan du psychanalyste :
« Bonjour, docteur.
– Bonjour, madame, asseyez-**...** ! Que puis-**...** faire pour **...** ?
– Docteur, ma vie est un enfer : **...** ne mange plus, **...** ne dors plus, je **...** en prie, aidez-**...** !
– Madame, installez-**...** ici ! (Il **...** montre le divan)
Allongez-**...** , fermez les yeux et racontez-**...** tout !
– Docteur, mon mari ne **...** regarde plus, **...** ne **...** voit plus.
Je **...** parle, il ne **...** écoute pas, je **...** interroge, il ne **...** répond pas.
Mon anniversaire ? Il **...** oublie toujours.
Des cadeaux ? Il ne **... ...** fait aucun.
Au restaurant, au cinéma ? Nous n'**...** allons jamais.
Des amis ? Nous n'**...** recevons plus.
Des voyages ? Nous n'**...** faisons pas.
Docteur, je **...** en supplie, conseillez-**...** !
Dites-**...** : que dois-**...** faire, que dois-**...** **...** dire ? Je **...** aime encore, mais bientôt, **...** vais **...** détester. »

N.B. Voir aussi le chapitre 20 sur l'accord des participes et le chapitre 25 sur les pronoms relatifs.

20

Les participes

SOMMAIRE

1 Le gérondif : ***en* + participe présent.**
2 L'accord du participe passé : verbes conjugués avec ***être***.
3 L'accord du participe passé : verbes conjugués avec ***avoir***.
4 RÉVISION.
5 L'accord du participe passé des verbes pronominaux.
6 RÉVISION.

1

A/ Écrivez les phrases en formant le gérondif (*en* + participe présent) :

Je suis parti(e) et j'ai claqué la porte. → *Je suis parti(e)* ***en claquant*** *la porte.*

1. Tu regardes cette fille et tu rougis.
2. Il est tombé, il descendait les escaliers.
3. Je chante et je prends ma douche.
4. Il est arrivé, il courait.
5. Elle a poussé un cri ; elle a vu son mari avec sa meilleure amie.
6. Tu ne peux pas lire et conduire en même temps.
7. Vous avez réussi. Vous avez fait un effort.
8. Il a renversé un pot de peinture. Il repeignait sa chambre.
9. Elle est tombée malade. Elle voulait faire un régime.
10. J'ai cassé la clé : je la mettais dans la serrure.

B/ Répondez aux questions en utilisant un verbe au gérondif :

Comment as-tu appris toutes ces langues ? → *Je les ai apprises* ***en vivant*** *à l'étranger.*

1. Comment gagnez-vous votre vie ?
2. Comment a-t-il eu cet accident ?
3. Comment a-t-elle maigri ?
4. Comment ont-ils trouvé leur studio ?
5. Comment t'es-tu cassé le bras ?
6. Comment êtes-vous tombé ?

2

Accordez le participe passé avec le sujet :

Il *est* ***allé*** *à Lyon.*
→ ***Ils*** *sont* ***allés*** *à Lyon.*

Elle *est* ***allée*** *à Lyon.*
→ ***Elles*** *sont* ***allées*** *à Lyon.*

1. Il est *(arrivé)*. Elle est *(parti)*.
2. Il est *(revenu)*. Elle est *(reparti)*.
3. Il est *(parti)*. Elle est *(resté)*.
4. Ils sont *(entré)*. Elles sont *(sorti)*.
5. Ils sont *(monté)*. Elles sont *(descendu)*.
6. En 1990, il est *(né)* et elle est *(mort)*.

3

A/ Accordez le participe passé avec le COD lorsque celui-ci est placé devant le verbe (sauf pour *en*) :

Où as-tu rencontré cette fille ? → *Je **l'**ai rencontr**ée** à l'université.*

1. Est-ce que tu as *(reçu)* ma lettre ? Oui, je l'ai *(reçu)*.
2. Est-ce que tu as *(lu)* ces journaux ? Oui, je les ai *(lu)*.
3. Quand avez-vous *(pris)* vos vacances ? Je les ai *(pris)* en août.
4. Où as-tu *(rangé)* tes chaussures ? Je les ai *(rangé)* dans le placard.
5. Est-ce que vous avez *(vu)* des fantômes ? Oui, j'en ai *(vu)*.

B/ Mettez les verbes au passé composé :

1. Est-ce que tu leur *(téléphoner)* ? – Non, je *(ne pas y penser)*.
2. Qu'est-ce qu'elle te *(dire)* ? – Rien, elle *(ne rien me dire)*.
3. Est-ce qu'elles vous *(écrire)* ? – Oui, mais nous *(ne jamais leur répondre)*.
4. Sophie, qu'est-ce qu'on te *(demander)* ? – Rien, on ne me *(poser)* aucune question.
5. Pourquoi dis-tu cela ? Y *(réfléchir)*-tu ? – Non, je *(ne pas y faire)* attention.

4

A/ Accordez le participe passé si nécessaire :

1. Cette conférence ? Je n'y ai pas *(assisté)* mais je l'ai *(entendu)* à la radio.
2. Ces tableaux, je les ai tous *(vu)*.
3. Ses lettres ? Il ne les a pas *(ouvert)*, il les a toutes *(jeté)*.
4. Anna ? Il ne l'a jamais *(aimé)*, il ne lui a jamais *(dit)* : je t'aime.
5. Cette histoire, je ne l'ai *(raconté)* à personne, je n'en ai *(parlé)* à personne.

B/

1. Elle a *(vécu)* en France pendant plusieurs années mais elle n'est pas *(resté)* longtemps à Paris.
2. Comment êtes-vous *(venu)* jusqu'ici ? – Nous sommes *(allé)* à pied jusqu'au métro et nous l'avons (pris).
3. Est-ce que tu as *(emporté)* toutes tes cravates ? – Non, j'en ai *(choisi)* deux, et les autres, je les ai *(laissé)*.
4. Que sont-elles *(devenu)* ? Sont-elles *(mort)* ou ont-elles *(quitté)* la France ?
5. Ces questions, je les lui ai toutes *(posé)* mais elle n'y a pas *(répondu)*.

5

A/ Accordez le participe passé avec le pronom COD placé devant le verbe :

Elle s'est (réveillé) tôt le matin. → *Elle **s'**est réveill**ée** tôt le matin.*

1. Yvan et moi, nous nous sommes *(aimé)* à la folie, mais nous nous sommes *(quitté)* au bout de deux ans !

2. Vous vous êtes *(couché)* tôt hier soir, mais est-ce que vous vous êtes *(endormi)* tout de suite ?
3. Elles se sont *(croisé)* dans la rue, mais elles ne se sont pas *(reconnu)*.
4. Ce matin, je ne me suis pas *(maquillé)* et mon mari ne s'est pas *(rasé)*.
5. Est-ce que vous vous êtes *(amusé)* chez vos amis ? – Non, nous n'avons pas pu arriver chez eux, nous nous sommes *(perdu)*.

B/ Posez la question et répondez au passé composé. Pourquoi le participe passé ne s'accorde-t-il pas ?

Est-ce qu'ils (se dire) quelque chose ? (Dire à quelqu'un)
→ *Est-ce qu'ils* ***se sont dit*** *quelque chose ?* (*se* = COI). *Ils se sont dit un secret.*

1. Est-ce que vous *(se téléphoner)* ?
2. Est-ce qu'elles *(s'écrire)* ?
3. Est-ce qu'elles *(se répondre)* ?
4. Est-ce qu'ils *(se donner rendez-vous)* ?
5. Est-ce qu'ils *(se parler)* ?
6. Est-ce qu'ils *(se plaire)* ?

C/ Accordez le participe passé avec le COD si celui-ci est placé devant le verbe :

Les amoureux (se serrer) l'un contre l'autre.
→ *Les amoureux* ***se*** *sont serr****és*** *l'un contre l'autre.* (*se* = COD)

À la fin de la réunion, ils (se serrer) la main.
→ *À la fin de la réunion, ils se sont serr****é*** *la main. (la main* = COD)

1. Nous nous sommes *(changé)* avant d'assister au concert.
   En assistant au concert, nous nous sommes *(changé)* les idées.
2. Est-ce que vous vous êtes *(partagé)* le travail ?
   Pour travailler, ils se sont *(partagé)* en petits groupes.
3. Brigitte, est-ce que tu t'es *(lavé)* ?
   Brigitte, est-ce que tu t'es *(lavé)* les mains ?
4. Ils se sont *(lancé)* le ballon.
   Ils se sont *(lancé)* dans une entreprise difficile.
5. Je me suis *(jeté)* dans le travail pour oublier mon chagrin.
   Pendant notre dispute, nous nous sommes *(jeté)* des insultes à la figure.

6 Mettez les verbes entre parenthèses au passé composé :

Catherine et son amie bavardent.
Catherine : « Un jour, Cyril me *(voir)* dans la rue. Il me *(appeler)*, il me *(parler)*, il me *(raconter)* sa vie, ses problèmes. Puis, il me *(quitter)* car il était pressé.
Il me *(téléphoner)* peu après, il me *(donner)* rendez-vous. Il me *(proposer)* une soirée dans un cabaret. Là, il me *(regarder)* longuement, il me *(interroger)*, il me *(écouter)*, il me *(demander)* comment je vivais. Il *(me dire)* qu'il voulait me revoir. Il me *(promettre)* de me téléphoner tous les jours.
Nous *(se donner)* nos numéros de téléphone, puis nous *(se revoir)*.
Un jour, nous *(se promettre)* de ne plus nous quitter. Comment cette histoire *(se terminer)*-elle ? Bien sûr, nous *(se marier)* et nous *(s'aimer)* très longtemps.

N.B. Voir aussi le chapitre 18 sur les verbes pronominaux, le chapitre 19 sur les pronoms personnels et le chapitre 25 sur les pronoms relatifs.

21

Le plus-que-parfait de l'indicatif

SOMMAIRE

1	Verbes conjugués avec ***avoir***.
2	Verbes conjugués avec ***être***.
3	**Emploi**.
4	RÉVISION.

1

A/ Mettez le verbe au plus-que-parfait, puis mettez les phrases au pluriel :

être : Je (être) malade.
→ ***J'avais été*** *malade.*

avoir : Je (avoir) la grippe.
→ ***J'avais eu*** *la grippe.*

Cette année-là,

1. Je *(être)* très fatigué.
2. Tu *(avoir)* beaucoup de soucis.
3. Tu *(être)* très inquiet.
4. Notre fils *(avoir)* de mauvais résultats.
5. Notre fille *(être)* en mauvaise santé.
6. Je *(avoir)* trop de problèmes.

B/ Mettez les verbes au plus-que-parfait :

1. Il était vieux et malade. Il *(être)* jeune, beau et sportif.
2. Deux jours après son arrivée, elle *(ne pas encore défaire)* ses valises, mais elle *(voir)* tous ses amis.
3. En 1890, Claude Monet *(peindre)* déjà de nombreuses toiles célèbres, mais il *(ne pas encore réaliser)* ses Nymphéas.

2 Mettez les verbes au plus-que-parfait :

A/

1. Cet été-là, nous *(aller)* au Maroc et nous en *(repartir)* très contents.
2. Ce soir-là, tu *(venir)* en taxi chez moi et tu *(rentrer)* avec Jean-François.
3. Ce jour-là, elle *(entrer)* dans ce café par hasard et elle y *(rester)*.

B/

1. En 1991, les deux équipes de volley-ball *(se rencontrer)* plusieurs fois et elles *(se combattre)* durement.
2. Cet été-là, tu *(se mettre)* au ski nautique et tu *(se faire)* mal en tombant.
3. Avant ce match, je *(ne pas encore se servir)* de ma nouvelle raquette, mais je *(se préparer)* bien.

3

A/ Mettez les verbes au plus-que-parfait :

1. Ils *(sortir)* la voiture du garage, ils *(rouler)* une heure, ils *(suivre)* attentivement le plan, ils *(ne pas se tromper)* et ils *(arriver)* à l'heure.
2. Ce jour-là, je *(partir)* à la plage avec des amis, nous *(se baigner)*, nous *(pique-niquer)*, nous *(passer)* une bonne après-midi et, le soir, nous *(aller)* danser dans une discothèque.

B/ Mettez le passé composé ou le plus-que-parfait selon le sens :

Elle (réussir) son examen, et pourtant elle le (préparer) mal.
→ *Elle* ***a réussi*** *son examen et pourtant elle l'****avait mal préparé****.*

1. Nous *(marcher)* toute la journée, donc, nous *(dormir)* bien.
2. Jeudi dernier, la production de l'usine *(s'arrêter)* : les ouvriers *(se mettre)* en grève mercredi soir.
3. Elle *(dîner)* déjà, elle *(ne pas vouloir)* aller au restaurant avec nous.
4. Hier, on *(condamner)* deux hommes : ils *(voler)* de l'argent dans une banque.
5. Je lui *(amener)* des amis suédois à déjeuner, mais je la *(prévenir)* avant.

C/ Mettez l'imparfait ou le plus-que-parfait selon le sens :

Il (être) ivre, il (boire) toute la soirée.
→ *Il* ***était*** *ivre, il* ***avait bu*** *toute la soirée.*

1. En 1992, ils *(habiter)* à Bali, mais avant, ils *(vivre)* longtemps à Bornéo.
2. Il *(jouer)* très bien de la guitare. Il *(prendre)* des leçons avec un grand guitariste.
3. Nous *(avoir)* faim, nous *(ne rien manger)* depuis vingt-quatre heures.
4. Je *(être)* content, je *(obtenir)* ma carte de séjour.
5. À ce moment-là, ils *(s'aimer)* déjà, mais ils *(ne pas se le dire encore)*.

4

Mettez les verbes à l'imparfait, au passé composé ou au plus-que-parfait selon le sens :

L'autre jour, je *(ne plus trouver)* mon passeport, je *(ne plus savoir)* où je le *(mettre)*. Alors, je *(ouvrir)* tous mes tiroirs, je *(mettre)* tout par terre, mais il ne *(se trouver)* nulle part. Je *(être)* désespéré. Où est-ce que je le *(ranger)* donc ?
Tout à coup, je *(s'en souvenir)* : je le *(cacher)* dans un livre ! Je *(se précipiter)* vers la bibliothèque. Il *(être)* bien là ! Je le *(y placer)* en rentrant de mon dernier voyage, et je le *(oublier)* complètement.

22

Les prépositions

SOMMAIRE

1 à 6	**Prépositions de lieu :**
1 à 4	*à (au, aux), dans, en, de.*
5	*à, de, par, jusqu'à, vers.*
6	*sur, sous, devant, derrière, entre, chez, près de, loin de, à côté de, au-dessus de, au-dessous de, au milieu de, en face de, autour de, aux environs de, au fond de.*
7-8	**Prépositions de temps :** *à* ou *de, depuis* ou *pendant, pour* ou *pendant, dans* ou *en, il y a* ou *dans.*
9	**Autres prépositions :** *avec, sans, pour, contre, en, par, sur, à, à cause de.*
10	**Adjectifs suivis de** ***à*** **ou** ***de.***
11	**Verbes suivis de** ***à*** **ou** ***de*** (+infinitif).
12	Expressions courantes.

1 Mettez la préposition *à* ou *dans* devant le nom :

1. Est-ce que tu es inscrit **...** l'université ?
2. Elle achète son pain **...** la boulangerie. Elle entre **...** la boulangerie.
3. Où est mon porte monnaie ? Le voilà, **...** ma poche.
4. Moi, je veux aller **...** la campagne, toi, tu as envie de te promener **...** la forêt.
5. Eux, ils préfèrent rester **...** la maison et lire **...** leur chambre.

2 Faites une phrase avec les lieux proposés en employant les prépositions de lieu comme dans les exemples :

A/ ***La*** *Corée, Séoul, le centre de la ville. Monsieur Park dirige une banque ...*
→ *M. Park dirige une banque* ***en*** *Corée,* ***à*** *Séoul,* ***dans*** *le centre de la ville.*

1. La France, Paris, le cinquième arrondissement. Nous cherchons un appartement **...**
2. La Suisse, Genève, la vieille ville. Ils travaillent **...**
3. L'Angleterre, Londres, un beau quartier. Vous vivez **...**
4. L'Espagne, Séville, le sud du pays. Tu vas en vacances **...**
5. La Bourgogne, Dijon, une jolie région. Elle fait un séjour **...**

B/ *__Le__ Sénégal, Tombouctou, __la__ banlieue. Ils sont installés ...*
→ *Ils sont installés __au__ Sénégal, __à__ Tombouctou, __en__ banlieue.*

1. Le Mexique, Acapulco, la ville. Est-ce que tu vas habiter **...** ?
2. Le Portugal, Lisbonne, la banlieue. Il installe une usine **...**
3. Le Kenya, Nairobi, la ville. Elle a vécu **...**
4. Le Danemark, Elseneur, la province. Est-ce que Hamlet est toujours **...** ?
5. Le Japon, Tokyo, la banlieue. Mayumi habite **...**

3 Répondez avec les prépositions de lieu *à* ou *en* :

A/ Dans quel pays habite-t-il ?

1. **...** le Brésil.
2. **...** la Chine.
3. **...** l'Égypte.
4. **...** la Grèce.

B/ Dans quelle ville habite-t-il ?

5. **...** Sao Paulo.
6. **...** Pékin.
7. **...** Le Caire.
8. **...** Athènes.

C/ J'ai un bateau. Dans quelle île veux-tu aller ?

... __la__ Corse, __les__ Baléares ou Cuba ? → Je veux bien aller __en__ Corse, __aux__ Baléares ou __à__ Cuba.

1. **...** la Crète.
2. **...** Malte.
3. **...** Madagascar.
4. **...** la Sardaigne.
5. **...** Java.
6. **...** les Maldives.

4 Répondez avec la préposition de lieu *de* :

D'où reviennent-ils ?

Eux, ... __la__ Sicile, Palerme et __la__ Corse, mais nous, ... __le__ Maroc, Casablanca et __les__ Canaries.
→ *Eux, ils reviennent __de__ Sicile, __de__ Palerme et __de__ Corse, mais nous, nous revenons __du__ Maroc, __de__ Casablanca et __des__ Canaries.*

D'où reviens-tu ?

1. **...** l'Autriche.
2. **...** Bali.
3. **...** le Pakistan.
4. **...** les Açores.
5. **...** le Vénézuéla.
6. **...** Copenhague.
7. **...** la Roumanie.
8. **...** Calcutta.
9. **...** la Californie.

5 Mettez la préposition *à*, *de*, *par*, *vers* ou *jusqu'à* selon le sens :

1. Nous allons passer **...** Rome pour aller **...** Florence **...** Naples.
2. Le bateau ne reste pas **...** port, il part **...** le large.
3. Tu sors **...** la gare, tu prends la première rue **...** droite, puis la seconde rue **...** gauche et tu marches **...** la grille blanche. Tu peux sonner, j'habite là.
4. Il nous raccompagnera **...** la frontière et s'arrêtera là.
5. Ce pont permet de traverser le lac et de passer **...** un côté **...** l'autre.

6 **Faites une phrase avec les éléments suivants en utilisant l'une des prépositions proposées :**

A/ ***chez, derrière, devant, entre, sous, sur***

1. Poser – son chapeau – la table.
2. Avoir rendez-vous – le café de la Paix.
3. Acheter – des médicaments – le pharmacien.
4. Le petit Pierre – se cacher – les rideaux.
5. La montagne – être – belle – le ciel étoilé.
6. Ce camping – se trouver – l'autoroute et la plage.

B/ ***à côté de, au-dessus de, au-dessous de, aux environs de, au fond de, au milieu de, autour de, en face de, loin de, près de***

1. Une fontaine – se trouver – la place.
2. La minijupe – être – le genou.
3. La terre – tourner – le soleil.
4. Il – partir : il – vouloir – vivre – sa famille.
5. Nice – être – la frontière italienne.
6. Au cinéma – les spectateurs – être – l'écran.
7. On – découvrir – du pétrole – la mer.
8. Venir – s'asseoir – moi !
9. Il – faire froid : Il – faire – quinze degrés – zéro .
10. Il – y avoir – beaucoup de vignes – Bordeaux.

7

A/ **Mettez la préposition de temps *à* ou *de* devant le nom :**

1. Je dois partir **...** minuit.
2. Ce musée est ouvert **...** dix heures **...** dix-huit heures.
3. Est-ce que tu peux peindre **...** matin **...** soir ?
4. En été, **...** midi, sur la plage, il fait chaud.
5. J'ai écouté une émission : **...** début **...** la fin, je n'y ai rien compris.

B/ **Mettez la préposition *depuis* ou *pendant* :**

1. Vous dirigez cette entreprise **...** douze ans.
2. Vous avez dirigé cette entreprise **...** douze ans.
3. **...** mes vacances, j'ai beaucoup marché.
4. **...** la fin des vacances, je ne fais plus de sport.
5. **...** la naissance de sa fille, il est tout joyeux.

C/ Mettez la préposition *pour* ou *pendant* :

1. Je m'installe à Paris **...** toute une année.
2. Nous avons vécu à Paris **...** dix ans.
3. Elles ont été absentes **...** une semaine.
4. Elle va partir **...** quelques jours, elle se reposera à la campagne.
5. Vous avez discuté **...** une demi-heure.

D/ Mettez la préposition *dans* ou *en* :

1. Ne t'inquiète pas, je serai là **...** deux minutes.
2. Elle a appris à conduire **...** quelques semaines.
3. Tu es jeune, tu apprendras à conduire **...** quelques années.
4. **...** un siècle, comment vivront les gens ?
5. Il a lu et compris tout ce dossier **...** un quart d'heure.

E/ Mettez *il y a* ou *dans* :

1. Nous finirons de dîner **...** un petit moment.
2. Je suis rentré de voyage **...** trois semaines.
3. **...** combien de temps serez-vous majeur ?
4. **...** plusieurs années, cet homme a fait une expérience étrange.
5. **...** quelques instants, le réveil a sonné. Je me lèverai **...** deux minutes.

8

A/ Mettez la préposition de temps qui convient :

1. Tu as dormi **...** deux heures.
2. Tu as dormi **...** dix heures du soir **...** neuf heures du matin.
3. **...** quelques jours, la température est montée.
4. Ce bateau a fait le tour du monde **...** quatre-vingts jours.
5. Nous partons vivre à Tahiti **...** deux ans.
6. Notre avion décolle demain matin **...** huit heures.
7. Nous reviendrons sans doute **...** trois ans.
8. **...** plusieurs jours, il fait un temps horrible.
9. Il a trouvé la solution de ce problème **...** trois minutes.
10. Tu n'es pas prête ! Je viendrai te chercher **...** un quart d'heure.

B/ Terminez la phrase par un complément de temps :

1. Elle part en vacances au Brésil pour **...**
2. Nos amis arriveront dans **...**
3. J'ai attendu son coup de téléphone pendant **...**
4. Il est parti il y a **...**
5. Sa famille n'a aucune nouvelle de lui depuis **...**

9

A/ Mettez la préposition qui convient : *avec*, *sans*, *pour*, *contre*, *en*, *par*, *sur*, *à*, *à cause de*.

1. **...** le brouillard, les avions atterrissent **...** du retard.
2. Je n'aime voyager ni **...** voiture ni **...** train. Je préfère aller **...** bus, **...** cheval ou **...** pied.
3. Il était furieux. Il est parti **...** moi.
4. Cette association humanitaire lutte **...** la faim dans le monde.
5. Vous courez **...** la plage et nous sommes couchés **...** soleil **...** le sable.
6. Cette photo-ci est **...** couleurs, celle-là est **...** noir et blanc.
7. Tu achètes toujours les croissants deux **...** deux.
8. Parmi ces fruits, un **...** deux n'est pas assez mûr.
9. Est-ce que tu as mis ta chemise **...** l'endroit ou **...** l'envers ?
10. C'est la saison des soldes : il y a vingt **...** cent de réduction sur les prix .

B/ Faites une phrase avec chacune des expressions suivantes :

1. Contre ce candidat.
2. Sur le trottoir.
3. En hélicoptère.
4. Une fois par semaine.
5. Une nuit sur deux.
6. Avec plaisir.

10

A/ Complétez les phrases par la préposition qui convient après chaque adjectif :

1. Est-ce que vous êtes content **...** votre vie à Paris ?
2. Elle est prête **...** partir. Ses valises sont faites.
3. Est-ce qu'elle est toujours amoureuse **...** toi ?
4. Nous ne sommes pas sûrs **...** cette information.
5. Cette femme est responsable **...** le service commercial de cette société.
6. Ce bar est interdit **...** les enfants de moins de seize ans.

B/
1. Cette réponse est facile **...** donner.
2. Il est facile **...** donner une réponse.
3. Ce travail est impossible **...** faire.
4. Il est impossible **...** faire ce travail.

11 Terminez les phrases par un infinitif :

Son silence commence à ...
→ *Son silence commence à* ***gêner*** *tout le monde.*

1. Les oiseaux sont en train de **...**
2. Je continue à **...**
3. Arrête de **...**

4. Il est occupé. Il a trop de choses à **...**
5. Nous essayons de **...**
6. Le bistrot est vide. Les gens ont fini de **...**
7. Tu as décidé de **...**
8. Aide-moi, je n'arrive pas à **...**
9. Vous n'avez pas l'habitude de **...**
10. Elles ont appris à **...**

12

A/ Complétez les phrases par une des expressions suivantes :
à ce moment-là, à l'heure, à mon avis, par exemple, d'habitude, de bonne heure, en général, en même temps, par hasard, en ce moment :

1. Connais-tu un peintre français ? – Oui, **...** , Gauguin.
2. Quelquefois, nous nous rencontrons **...** dans la rue.
3. **...** il fait beau, mais il pleuvra peut-être demain.
4. Elle parle peu **...** , mais ce soir, elle a bavardé sans arrêt.
5. **...** , vous vous trompez. Vous dites une bêtise.
6. L'orage a commencé, **...** l'arbitre a arrêté le match.
7. Elle est très heureuse : elle rit et elle pleure **...**
8. **...** , les lapins ne parlent pas.
9. Le matin, ils se lèvent toujours **...**
10. Tu me donnes rendez-vous à une heure précise mais je t'attends chaque fois. Es-tu incapable d'être **...** ?

B/ Retrouvez la définition qui correspond à chaque proverbe :

A Loin des yeux, loin du coeur.
B Œil pour œil, dent pour dent.
C Il n'y a pas de fumée sans feu.
D Toute vérité n'est pas bonne à dire
E Tous les chemins mènent à Rome.

1. Quelquefois il vaut mieux ne pas dire toute la vérité.
2. Vous me faites du mal, je vous ferai du mal.
3. Il y a toujours un peu de vrai dans ce que les gens racontent.
4. On ne pense plus à ceux qu'on ne voit plus.
5. On peut arriver au même résultat avec des moyens différents.

N.B. Voir aussi le chapitre 17 sur les compléments d'objet direct et indirect.

23

Les comparaisons

SOMMAIRE

1-2	Comparaison avec un adjectif et un adverbe.
3	Comparaison avec un nom.
4-5	Comparatifs irréguliers : ***meilleur, mieux***.
6	*Plus ... plus, moins ... moins, de plus en plus, de moins en moins.*
7	Comparaison avec : *le (la)(les) même(s) que*, ou avec *comme*.
8	Superlatifs.

1 Pour faire des comparaisons, complétez les phrases en imitant le modèle :

A/ *Plus ... que* (avec un adjectif)

Corinne est ... jeune ... Séverine.
→ *Corinne est* ***plus*** *jeune* ***que*** *Séverine.*

1. Le Louvre est **...** grand **...** le musée Picasso.
2. Cette chambre paraît **...** claire **...** la salle de séjour.
3. La prochaine fois, nous choisirons un bistrot **...** typique **...** cette cafétéria !
4. À neuf heures, la circulation est **...** difficile **...** à onze heures.

B/ *Moins ... que* (avec un adjectif)

Cette émission est intéressante. (l'autre)
→ *Cette émission est* ***moins*** *intéressante* ***que*** *l'autre.*

1. Tu es prudent. *(moi)*
2. Cette fille est jolie. *(sa sœur)*
3. Le paysage est beau ici. *(là-bas)*
4. J'habite un appartement agréable. *(le vôtre)*

C/ *Aussi ... que* (avec un adjectif)

Sa maison est grande. (la mienne)
→ *Sa maison est* ***aussi*** *grande* ***que*** *la mienne.*

1. Est-ce que cette fille est intelligente ? *(son frère)*
2. Ses yeux sont noirs. *(les tiens)*
3. L'eau de la mer nous a paru froide. *(celle d'un lac de montagne)*
4. Cet Italien n'est pas beau. *(toi)*

D/ *Plus .. . que, moins ... que, aussi ... que* (avec un adverbe)

moins ... que : Il joue souvent au tennis. (son frère)
→ *Il joue **moins** souvent au tennis **que** son frère.*

1. *(plus ... que) :* Vous êtes restés longtemps à Nice. *(à Marseille)*
2. *(aussi ... que) :* Est-ce que tu conduis bien ? *(ta sœur)*
3. *(moins ... que) :* Vous parlez vite. *(la plupart des Français)*
4. *(plus ... que) :* Je vais rarement au cinéma. *(toi)*
5. *(aussi ... que) :* Elle comprend facilement l'allemand. *(le russe)*

2

A/ Complétez les phrases comparatives en utilisant des adjectifs ou des adverbes :

1. Il y a des pays moins ... que ...
2. Les enfants dorment plus ... que ...
3. Je ne traduis pas aussi ... que ...
4. Cherchez un travail plus ... que ...
5. Vous avez un mari aussi ... que ...
6. Elle semble moins ... que ...

B/ Comparez les éléments suivants en utilisant des adjectifs ou des adverbes :

l'avion et le train : → *L'avion est **plus rapide que** le train.*

1. Un homme et une femme.
2. Un tigre et un chat.
3. Dallas et Venise.
4. Le Brésil et le Japon.

3 Pour comparer avec des noms, complétez les phrases en imitant le modèle :

autant de ... que : Il a ... vidéodisques ... moi.
→ *Il a **autant de** vidéodisques **que** moi.*

1. *(plus de ... que) :* Elle a ... énergie ... toi.
2. *(autant de ... que) :* En ce moment, nous avons ... travail ... l'année dernière.
3. *(moins de ... que) :* Il faut ... argent pour vivre à Grenoble ... à Paris.
4. *(un peu plus de ... que) :* Il y a ... habitants ici ... dans l'autre village.
5. *(beaucoup moins de ... que) :* Nous avons ... chance ... vous.
6. *(autant de ... que) :* Je ne parle pas ... langues ... lui.
7. *(un peu moins de ... que) :* Ils écoutent ... musique ... avant.
8. *(beaucoup plus de ... que) :* Elle connaît ... gens ... son patron.

4 Écrivez les comparaisons en imitant les modèles proposés :

A/

*Ce gâteau est très **bon**. (l'autre)*
→ *Ce gâteau est **meilleur que** l'autre.*
→ *Ce gâteau est **bien meilleur** que l'autre.*

1. Ton idée me paraît bonne. *(la mienne)*
2. La saison touristique a été bonne cette année. *(l'année dernière)*

3. Est-ce qu'aujourd'hui, il a fait un bon match ? *(hier)*
4. Cette recette est bonne. *(la vôtre)*
5. Le vin français est bon. *(la bière française)*

B/ *Tu parles **bien** français. (elle)*
→ *Tu parles **mieux** français **qu**'elle, **bien mieux qu**'elle.*

1. Ce chef cuisine bien. *(l'autre)*
2. Vous connaissez bien la Norvège. *(la France)*
3. Cet écrivain écrit bien. *(celui-là)*
4. Je vois bien avec mes lentilles de contact. *(avec mes lunettes)*
5. Il réussit bien dans les affaires. *(dans la chanson)*

5

A/ Complétez les phrases en ajoutant *bon(ne)(s)* ou *bien* :

Elle nage ... , c'est une ... nageuse.
→ *Elle nage **bien**, c'est une **bonne** nageuse.*

1. Cette femme peint **...** . C'est un **...** peintre.
2. Nous avons fait un **...** repas, nous avons **...** mangé.
3. Les enfants aiment **...** les frites. C'est **...** !
4. C'est sûrement un **...** métier, mais est-ce qu'on gagne **...** sa vie ?
5. C'est une **...** affaire. Tu as **...** fait d'acheter cette lampe.

B/ Complétez les phrases en ajoutant *mieux* ou *meilleur(e)(s)* :

*Elle nage **...** que moi, c'est une **...** nageuse que moi.*
→ *Elle nage **mieux que** moi, c'est une **meilleure** nageuse **que** moi.*

1. Tu patines **...** que lui, tu es un **...** patineur que lui.
2. Son dernier film est **...** que les autres, il y joue beaucoup **...**
3. Il n'y a pas de **...** conducteur que lui, il conduit **...** que tout le monde.
4. Je n'ai pas de **...** idée, je n'ai pas trouvé **...**
5. Ce chocolat est **...** que celui-là, nous l'aimons **...**

6

A/ Complétez les phrases suivantes :

Plus le temps passe, plus je ... → ***Plus** le temps passe, **plus** je t'aime.*

1. Plus il mange, plus il **...**
2. Moins on gagne d'argent, moins on **...**
3. Plus tu cries, moins **...**
4. Moins il te regarde, plus **...**

B/ Choisissez entre *de plus en plus (de)* et *de moins en moins (de)* :

1. Il travaille **...** , il est **...** occupé.
2. Je voyage **...** , je suis **...** absent.
3. Il fait **...** progrès, il a **...** difficultés.
4. Tu es **...** sage, tu fais **...** bêtises.

7

A/ Répondez aux questions en employant *le (la) même que*, *les mêmes que* :

Dans quelle ville habites-tu ? (mes parents)
→ *J'habite dans* ***la même ville que*** *mes parents.*

1. Quelles études fais-tu cette année ? *(l'année dernière)*
2. A quelle heure arrive ton train ? *(le tien)*
3. Dans quel restaurant allez-vous ? *(vous)*
4. Quel âge as-tu ? *(toi)*
5. Pour quelle société travaille-t-il ? *(sa femme)*

B/ Trouvez le nom qui complète la comparaison :

1. Ce matin, je comprends tout : c'est simple comme **...**
2. Ton copain est beau comme **...** mais il est bête comme **...**
3. Cette fille est jolie comme **...** mais fais attention elle est jalouse comme **...**
4. Ce pauvre garçon chante faux comme **...**
5. Elle a des cheveux magnifiques, ils sont blonds comme **...**

8 Formez la phrase en écrivant l'adjectif au superlatif comme dans le modèle. Choisissez *le plus* ou *le moins (de)* :

A/

Est-ce que c'est une voiture rapide ?
→ *C'est* ***la plus rapide*** *ou c'est* ***la voiture la plus rapide (de*** *toutes).*

1. Est-ce que cet ingénieur est compétent ?
2. Est-ce que cette ville est polluée ?
3. Est-ce que cet homme politique est connu ?
4. Est-ce que cette émission de télévision est populaire ?
5. Est-ce que cette rue est bruyante ?

B/ *haut : Cette montagne – les Alpes.* → *Cette montagne est* ***la plus haute des*** *Alpes.*

1. *(heureux) :* Augustin – les hommes.
2. *(étonnant) :* Cette histoire – le livre.
3. *(cher) :* Je vous emmène dans le restaurant – la ville.
4. *(intéressant) :* C'est la visite – le voyage.
5. *(bavarde) :* Nous avons la gardienne – le quartier.

24

L'enchaînement de deux phrases simples

SOMMAIRE	
Enchaînement avec :	
1-2	*et, mais, ou, donc, car.*
3	*alors, aussi, car, donc, en effet, pourtant, soudain, d'une part, d'autre part.*
4	*d'abord, ensuite, puis, enfin.*

1 Inventez une deuxième phrase après les mots : *et, mais, ou, donc, car.*

L'avion atterrit et ...
→ *L'avion atterrit* **et** *les passagers détachent leur ceinture.*

1. L'enfant est tombé et **...**
2. Nous voulions voir ce film, mais **...**
3. Je devais te téléphoner, mais **...**
4. Ils sont partis en voyage ou **...**
5. Vas-tu continuer tes études ou **...** ?
6. Tu as beaucoup mangé, donc **...**
7. Vous ne dormez jamais, donc **...**
8. Allume le chauffage car **...**
9. Je vais me coucher car **...**
10. C'est un homme intelligent mais **...**

2

A/ Complétez le texte par : *et, mais, ou, donc, car.*

Hier, je me promenais sur les quais de la Seine **...** j'admirais le paysage. Un garçon marchait loin devant moi **...** je ne l'avais pas reconnu **...** il portait un long manteau et une casquette. À un moment, il a fait demi-tour. Je me suis dit : « Est-ce vraiment Michael **...** un autre homme ? » Il m'a croisé sans rien dire. Ce n'était **...** pas lui.

B/ Faites des phrases en utilisant : *et*, *mais*, *ou*, *donc* ou *car*.

Ne pas être très élégante – être ravissante.
→ *Elle n'est pas très élégante,* **mais** *elle est ravissante.*

1. Être très pressés – ne pas se dépêcher.
2. Adorer le jazz – en écouter tout le temps.
3. Ouvrir la fenêtre – faire très chaud.
4. Avoir beaucoup d'argent – dépenser peu.
5. Ne pas voir bien – porter des lunettes.
6. Rester ici – déménager ?
7. Sortir – se mettre à courir.
8. Prendre l'apéritif – bavarder.
9. Avoir du succès – avoir du talent.
10. Préférer dessiner – peindre ?

3

A/ Complétez le texte par l'un des mots de liaison suivants : *alors*, *aussi*, *d'une part*, *d'autre part*, *pourtant*.

Mélanie raconte :

« Hier, je suis sortie, je suis allée dans une discothèque. J'étais très contente. **...** en y arrivant je me suis aperçue que je n'avais pas un sou sur moi ! Comment faire sans argent ? **...** j'ai discuté avec le garçon à la porte. Je lui ai expliqué que **...** j'étais une cliente fidèle et que **...** je pouvais payer plus tard. Il a souri, j'ai souri **...** et il m'a permis d'entrer. J'ai eu de la chance ! »

B/ Reliez les phrases entre elles par l'un des mots de liaison suivants : *alors*, *donc*, *soudain*, *pourtant*, *car*, *en effet*.

Sandra était seule à la maison. **...** , la porte s'est ouverte. **...** elle était certaine de l'avoir fermée à clef. **...** , sa mère le lui avait demandé avant de sortir **...** des vols avaient eu lieu récemment dans l'immeuble. La petite fille a **...** eu peur. **...** , elle s'est levée pour aller voir ce qui se passait. C'était simplement sa mère, les bras pleins de paquets.

4 Retrouvez l'ordre logique et mettez la lettre qui convient dans la case :

A/ Pour faire une sauce vinaigrette, il faut :

A	Puis verser une cuillère de vinaigre	1	☐
B	D'abord, prendre un saladier	2	☐
C	Enfin, ajouter trois cuillères d'huile et tourner	3	☐
D	Ensuite, y mettre un peu de sel, de poivre et une petite cuillère de moutarde	4	☐

B/ Pour conduire une voiture, il faut :

A	Enfin, mettre la clé de contact, la tourner	1	☐
B	D'abord, ouvrir la porte	2	☐
C	Puis attacher sa ceinture de sécurité	3	☐
D	Ensuite s'asseoir sur le siège avant gauche	4	☐

25

Les pronoms relatifs

SOMMAIRE

1	*Qui.*
2	*Que.*
3-4	RÉVISION. *Qui* ou *que.*
5	*Dont.*
6	*Dont* ou *que.*
7	*Où.*
8	Préposition suivie de : *lequel, laquelle, lesquels, lesquelles* ou *qui.*
9	RÉVISION.
10	*C'est ... qui, c'est ... que.*
11	*Celui qui, celui que, celui dont, ce qui, ce que, ce dont.*
12 à 16	RÉVISION.

1 Réunissez les deux phrases par le pronom relatif *qui* :

A/

Vous vivez dans un studio (être tout petit).
→ *Vous vivez dans un studio **qui** est tout petit.*

1. Elle porte une valise *(peser plus de vingt kilos).*
2. Tu répares la machine à laver *(ne plus marcher).*
3. Vous conduisez une voiture *(ne pas être à vous).*
4. Il y a quelqu'un *(sonner à la porte).*
5. Je fais un travail *(ne pas m'intéresser).*

B/

*L'oiseau (**il** chante) est un moineau.*
→ *L'oiseau **qui** chante est un moineau.*

1. Le garçon *(il sourit)* est mon fils.
2. Le bébé *(il pleure)* a mal aux dents.
3. Les voitures *(elles circulent)* polluent l'atmosphère.
4. L'actrice *(elle est sur la scène)* joue très bien.
5. Les gens *(ils fument)* dérangent les autres.

2 Réunissez les deux phrases par le pronom relatif *que* :

A/

Alix ne rend jamais les livres. On lui prête ***ces livres****.*
→ *Alix ne rend jamais les livres* ***qu****'on lui prête.*

1. Il ne répond pas toujours aux questions. On lui pose ces questions.
2. J'ai eu la réponse. J'attendais cette réponse.
3. Nous pensons à ce voyage.Nous ferons bientôt ce voyage.
4. C'est une région. J'aime cette région.
5. Lyon est une grande ville. Je ne connais pas très bien cette ville.

B/

Le livre ... (je ***le*** *lis) est un roman de Le Clézio.*
→ *Le livre* ***que*** *je lis est un roman de Le Clézio.*

1. La fille **...** *(ils la regardent)* est charmante.
2. Les fleurs **...** *(vous les cueillez)* sont des coquelicots.
3. Est-ce que la lettre **...** *(tu l'écris)* est pour ton père ?
4. Est-ce que l'actrice **...** *(tu la préfères)* est Anémone ?
5. L'homme **...** *(nous venons de le rencontrer)* est le directeur du théâtre.

C/ Mettez le verbe au passé composé, accordez le participe passé avec *que* (COD) :

Les papiers que je (oublier) sont très importants.
→ ***Les papiers que*** *j'ai oublié****s*** *sont très importants.*

1. Où as-tu mis la lettre que tu *(recevoir)* ce matin ?
2. Vous ne m'avez pas encore rendu les disques que je vous *(prêter)*.
3. Les photos que nous *(prendre)* ne sont pas toutes très bonnes.
4. La montre que je lui *(offrir)*, ne marche pas.
5. Ce sont des gens que je *(ne jamais voir)*, que je *(ne jamais rencontrer)*.

3 Réunissez les deux phrases. Utilisez *qui* ou *que* :

1. Ne buvez pas ce vin. Il n'est pas bon.
   Vous goûtez un vin. Vous n'aimez pas beaucoup ce vin.
2. Tu imagines une histoire. Tu vas la raconter aux enfants.
   Tu imagines une histoire. Elle est fantastique.
3. Nous lisons des poèmes. Ils sont très beaux.
   Nous lisons des poèmes. Nous les trouvons très beaux.
4. Ils cueillent des cerises. Elles sont délicieuses.
   Ils cueillent des cerises. Ils les mangent avec plaisir.
5. J'écris une lettre. Elle est pour ma mère.
   J'écris une lettre. Je la mettrai à la poste demain.

4 Mettez *qui* ou *que* :

1. Où est le livre **...** était ici ?
2. Où est le livre **...** tu viens de lire ?
3. C'est un homme **...** est très aimable.
4. C'est un homme **...** j'admire.
5. J'ai découvert un film **...** j'ai trouvé excellent.
6. Il y a un mois, j'ai vu un film **...** est encore à l'affiche.
7. Les cours de russe ? Ce sont des cours **...** je suis régulièrement et **...** m'intéressent.
8. Valérie est une fille **...** plaît beaucoup à Antoine et **...** il aime beaucoup.

5 Réunissez les deux phrases par le pronom relatif *dont* :

A/

J'ai un appartement. Les pièces ***de cet appartement*** *sont claires.*
→ *J'ai un appartement* ***dont*** *les pièces sont claires.*

1. Il travaille dans une société. Le directeur *de cette société* est jeune.
2. Hier soir, j'ai rencontré un jeune homme. J'ai oublié le nom *de ce jeune homme.*
3. Tu peux écouter ton père. Les conseils *de ton père* sont souvent bons.
4. Nous suivons une direction . Nous ne sommes pas très sûrs *de cette direction.*
5. C'est un bon résultat. Je suis satisfait *de ce résultat.*
6. Ce sont de jeunes sportifs. Je m'occupe *de ces jeunes sportifs.*
7. Est-ce que tu as lu ce reportage ? On a beaucoup parlé *de ce reportage.*
8. Je prends plusieurs médicaments. J'ai besoin *de ces médicaments.*

B/

*Je connais une plage. (***Son** *sable est très fin).*
→ *Je connais une plage* ***dont le*** *sable est très fin.*

1. Nous avons un copain. Son père a un grand bateau.
2. C'est un peintre connu. Ses tableaux se vendent cher.
3. Elle a fait un gâteau au chocolat. Son goût est amer.

C/

Je vais lui offrir ces bretelles. (Il ***en*** *a envie).*
→ *Je vais lui offrir ces bretelles* ***dont*** *il a envie.*

1. Il a quitté ce club de tennis. *(Il en faisait partie).*
2. Nous avons un ordinateur. *(Nous en sommes très contents).*
3. Ils ont passé une soirée extraordinaire. *(Ils s'en souviendront toujours).*

6 Mettez *dont* ou *que* :

1. Voilà le dictionnaire **...** j'ai besoin.
2. C'est le dictionnaire **...** j'utilise tout le temps.
3. Le dîner **...** tu nous a servi était délicieux.
4. L'aspirateur **...** je me sers d'habitude ne marche plus.

5. La maison **...** nous apercevons là-bas semble inhabitée.
6. J'ai fait une bêtise **...** je me suis aperçu un peu tard.
7. L'enfant **...** elle s'occupe a quatre ans.
8. L'enfant **...** elle garde a quatre ans.
9. Le bruit **...** vous entendez vient de la rue.
10. C'est un animal **...** nous n'avons pas peur.

7 Réunissez les deux phrases par le pronom relatif *où* :

A/ *Nous irons à Rome. (Nous ne sommes jamais allés **à Rome**) ou (Nous n'**y** sommes jamais allés) → Nous irons à Rome **où** nous ne sommes jamais allés.*

1. Ils sont allés dans une île. *(leurs amis y ont une petite maison de pêcheur)*
2. Je ne veux pas vivre à Marseille. *(je ne connais personne à Marseille)*
3. Dans la rue *(j'y fais mes courses)* le stationnement est interdit.
4. Le quartier *(vous y habitez)* est très agréable.
5. Je ne suis jamais retournée dans le village *(j'y suis née)*.

B/ *Il est arrivé un jour. (J'avais mal aux dents **ce jour-là**).*
→ *Il est arrivé un jour **où** j'avais mal aux dents.*

1. Nous sommes partis à l'instant *(ils arrivaient à cet instant-là)*.
2. Il y a eu de graves inondations l'année *(son fils est né cette année-là)*
3. Tu n'oublieras jamais le moment *(il t'a dit « je t'aime » à ce moment-là)*
4. Hier, nous sommes rentrés à l'heure *(nous sortons d'habitude à cette heure-là)*.
5. Vous êtes allés à la piscine un jour *(il pleuvait ce jour-là)*.

C/ *Dans la région, (je viens **de cette région**), il y a beaucoup de vignes.*
→ *Dans la région **d'où** je viens, il y a beaucoup de vignes.*

1. Ils nous ont montré leur terrasse *(ils ont une très belle vue de cette terrasse)*.
2. On va fermer le musée *(ils sortent de ce musée)*.
3. Viens chez moi ! J'ai un grand balcon *(nous verrons le feu d'artifice de mon balcon)*.

8

A/ Mettez le pronom relatif composé *(lequel, laquelle, lesquels, lesquelles)* après la préposition indiquée :

*C'est **une journée** pendant ... nous nous sommes bien amusés.*
→ *C'est une journée pendant **laquelle** nous nous sommes bien amusés.*

1. Comprends-tu la raison pour **...** il est parti ?
2. Je ne me rappelle plus le nom de l'avenue dans **...** j'ai garé ma voiture.
3. Ne perds pas tes billets sans **...** tu ne pourras pas entrer.
4. L'arbre sous **...** vous vous trouvez est un cerisier.
5. Les routes par **...** nous sommes passés étaient en mauvais état.

B/ Mettez le pronom *lequel (laquelle...)* après *à* ou *de* et faites attention à la contraction des articles :

*Quel est **le projet** à ... vous pensez ?*
→ *Quel est le projet **auquel** vous pensez ?*

1. C'est un climat à **...** nous nous habituons difficilement.
2. Je vis dans une tour près de **...** il y a un bar célèbre.
3. Ce sont des tableaux à **...** je m'intéresse beaucoup.
4. Le parking à côté de **...** se trouve le centre commercial est complet.
5. Les sculptures en face de **...** vous êtes assis sont d'Auguste Rodin.

C/ Mettez *qui* ou *lequel (laquelle...)* après la préposition :

*Ce sont **des gens à** ... je téléphone souvent.*
→ *Ce sont des gens **à qui (auxquels)** je téléphone souvent.*

1. Voici Julien avec **...** je fais du bateau tous les week-ends.
2. Ils ne connaissent pas très bien les personnes chez **...** ils sont invités ce soir.
3. Les copains à **...** j'écris ne reviendront que le mois prochain.
4. Le candidat pour **...** nous avons voté n'est pas élu.
5. C'est un joueur contre **...** il s'est battu avec courage.

D/ Complétez par *qui* ou *lequel (laquelle...)* après la préposition :

1. Je te présente Charlotte avec **...** je suis allé en Espagne.
2. Elle a une bicyclette avec **...** elle fait de grandes balades.
3. L'aventure à **...** nous avons participé était extraordinaire.
4. La jeune fille à **...** nous parlons fait des études de droit.
5. C'est un pays pour **...** j'ai une vraie passion.
6. C'est un homme pour **...** j'ai une vraie passion.
7. Est-ce que tu connais le lac autour de **...** je me promène tous les dimanches ?
8. Ce sont des arbres à côté de **...** je me sens tout petit.

9 Complétez par le pronom relatif qui convient :

1. Je vais te raconter la bêtise **...** je viens de faire.
2. Il s'est arrêté de parler au moment **...** il l'a vue.
3. C'est quelque chose **...** j'oublie toujours.
4. C'est quelque chose **...** lui fera plaisir.
5. Prends ce plan sans **...** tu ne trouveras jamais la bonne direction.
6. Pouvez-vous me prêter ce dictionnaire **...** j'ai besoin ?
7. Ce sont des problèmes à **...** nous ne trouvons aucune solution.
8. Donne-moi ton numéro de téléphone **...** je ne me souviens plus.
9. Vous prendrez ce chemin au bout de **...** vous trouverez une auberge de jeunesse.
10. Montre-moi la mairie **...** tu t'es marié.

10

A/ Mettez *c'est (ce sont)* au début de la phrase et *qui* ou *que* après le mot souligné :

Igor t'appelle.
→ *C'est Igor* ***qui*** *t'appelle.*

Il appelle ***Natacha****.*
→ ***C'est*** *Natacha* ***qu'****il appelle.*

1. Martine a préparé le dîner.
2. Maurice Ravel a composé le Boléro.
3. J'emploie souvent *ce mot*.
4. Marcel Proust a écrit *À la Recherche du Temps perdu*.
5. Est-ce que vous préférez ce livre ?

B/ Répondez à la question en utilisant *C'est (ce sont) ... qui* ou *que* et le mot entre parenthèses :

1. Qui est-ce qui pleure ? *(le bébé)*
2. Qui est-ce que tu regardes ? *(toi)*
3. Qu'est-ce que tu écoutes ? *(la radio)*
4. Qui est-ce qui fait du bruit ? *(les voisins)*
5. Qu'est-ce qui fait ce bruit ? *(la machine à laver)*.

C/ Répondez aux questions en imitant le modèle :

Qu'est-ce qu'un bavard ?
→ ***C'est*** *un homme* ***qui*** *parle beaucoup.*

1. Qu'est-ce qu'un architecte ?
2. Qu'est-ce qu'un perroquet ?
3. Qu'est-ce qu'un dauphin ?
4. Qu'est-ce qu'un oranger ?
5. Qu'est-ce qu'une cantatrice ?

D/ Mettez le verbe au présent à la personne qui convient :

1. C'est moi qui *(aller faire)* les courses, mais c'est toi qui *(aller faire)* le repas.
2. Le chef d'orchestre ? C'est lui qui *(diriger)* les musiciens, ce sont eux qui *(jouer)*.
3. C'est nous qui *(appeler)* un taxi, mais c'est vous qui le *(payer)*.
4. Dans ce couple, c'est elle qui *(réfléchir)* et c'est lui qui *(agir)*.
5. C'est toi et moi qui *(devoir)* lui dire la vérité.

11

A/ Mettez le pronom relatif qui convient après le pronom démonstratif :

1. Cet acteur est celui **...** a joué dans de nombreux westerns.
2. Est-ce que cette maison est celle **...** il est né ?
3. Est-ce que ces bijoux sont ceux **...** ta grand-mère t'a offerts ?
4. Ce garcon est celui **...** je t'ai souvent parlé.
5. Est-ce que ces danseuses sont celles avec **...** tu as créé ce ballet ?

B/ Mettez *ce qui*, *ce que*, ou *ce dont* selon le sens :

1. On n'entend pas **... ...** vous dites.
2. Est-ce que tu sais **... ...** il a besoin ?
3. Je ne comprends pas **... ...** se passe.
4. J'ignore **... ...** il veut.
5. Nous faisons toujours **... ...** nous plaît.
6. Dis-moi **... ...** tu as envie.
7. Racontez-nous **... ...** vous avez fait hier !
8. Que penses-tu de **... ...** je viens de dire ?
9. Expliquez-moi **... ...** ils ont parlé !
10. Est-ce que vous devinez **... ...** va arriver ?

C/ Mettez *ce qui*, *ceux qui*, *ce que*, *ceux que*, *ce dont* ou *ceux dont* :

1. Écoutez **... ...** je vais dire.
2. Explique-moi **... ...** tu as peur.
3. **... ...** ne sont pas d'accord peuvent le dire.
4. Ces couteaux sont **... ...** je me sers le plus souvent.
5 Ces tableaux sont **... ...** je préfère.
6. Je ne sais pas **... ...** lui fait plaisir.

12 Reliez la première phrase aux suivantes par le pronom relatif qui convient :

A/ Je déteste ces gens
- tu les détestes aussi.
- ils mentent.
- tu me parles toujours d'eux.
- tu dois leur téléphoner.

B/ Nous écoutons une chanteuse
- sa voix est superbe
- nous l'admirons.
- elle a beaucoup de succès.
- j'ai de l'admiration pour elle.

C/ Est-ce que tu vas m'offrir ces disques ?
- je veux les écouter.
- j'en ai envie.
- ils me plaisent.
- je m'y intéresse.

D/ Connais-tu le musée d'Orsay ?
- il est à Paris.
- je vais le visiter.
- je veux y aller.
- on m'en a beaucoup parlé.

13 Complétez les phrases suivantes :

1. Je ne sais pas ce qui **...**
2. Elle a un ordinateur dont **...**
3. C'est un copain à qui **...**
4. Nous allons dans un petit village où **...**
5. J'attendrai dans un café en face duquel **...**
6. Je ne comprends pas ce dont **...**

7. Est-ce que c'est toi qui **...**
8. Ils ne se souviennent pas de ce que **...**
9. C'est une fille chez qui **...**
10. Il pose toujours des questions auxquelles **...**

14 **Trouvez les pronoms relatifs qui manquent dans ce texte :**

Un portrait

Marie-Charlotte est une très vieille dame **...** vient d'avoir quatre-vingt dix-sept ans et **...** tout le monde connaît dans le village **...** elle vit. On sait que c'est une femme **...** a encore de l'énergie et **...** les idées ne sont pas démodées.
Souvent, les jeunes de sa rue prennent l'escalier **...** mène à son petit studio et s'installent sur un vieux canapé **...** ils vont entendre des récits extraordinaires **...** ils se souviendront longtemps. Marie-Charlotte leur raconte les aventures **...** elle a vécues. Ce sont des histoires à côté de **...** la vie quotidienne paraît banale.

15 **Même exercice :**

Le départ

Un soir, Harald décide de quitter la Norvège. Chez lui, il n'aime pas l'hiver pendant **...** on vit dans une nuit presque totale. Ce **...** il a besoin, ce **...** il a envie, c'est d'être au soleil !
Il va jusqu'à la gare **...** il achète un billet **...** il composte, et arrive devant un train **...** doit partir pour le Portugal. D'autres gens montent dans les wagons ou sont assis aux places **...** ils ont réservées.
Harald parle à un contrôleur **...** trouve une couchette sur **...** il pourra dormir. Il y pose le sac à dos avec **...** il voyage.
Par une fenêtre **...** donne sur le quai, il observe une femme à **...** sa famille dit au revoir, un vieil homme **...** ses enfants ont accompagné et des couples **...** s'embrassent. Il se demande ce **...** va lui arriver pendant ce voyage.

16 **Écrivez un petit texte du même genre par exemple au théâtre, à l'opéra, au concert, etc., en utilisant des pronoms relatifs.**

26

Le conditionnel et la condition

SOMMAIRE

1 à 9	Conjugaison et emploi :
1	Fiction.
2	Désir, souhait.
3	Hypothèse.
4	Politesse.
5	Conseil.
6	Futur dans le passé.
7	Regret.
8	Hypothèse dans le passé.
9-10	Condition avec ***si***.
11-12	RÉVISION.

1 **Mettez le verbe au conditionnel présent (fiction) en ajoutant à la base du futur les terminaisons *ais*, *ais*, *ait*, *ions*, *iez*, *aient* :**

Je (être) cosmonaute.
→ *Je ser**ais** cosmonaute.*

Je (avoir) un costume brillant.
→ *J'aur**ais** un costume brillant.*

A/ Ninon et Frédéric se parlent en jouant :

1. Moi, je *(bâtir)* une fusée.
2. Toi, tu *(monter)* dedans.
3. On *(prendre)* Milou avec nous.
4. Nous *(vivre)* au milieu des étoiles.
5. Sur la terre, vous *(devoir)* attendre notre retour.

B/
1. Moi, je *(préférer)* jouer au docteur, je *(être)* le docteur.
2. Tu *(avoir)* une maladie. Tu *(être)* très malade.
3. Ta mère *(appeler)* le docteur. Je te *(faire)* une visite.
4. Tu *(aller)* à l'hôpital où ils *(pouvoir)* t'opérer.
5. Après, tu *(revenir)* chez toi et on *(s'amuser)* bien.

2

A/ Mettez le verbe au conditionnel présent *(désir, souhait)* :

1. Je *(aimer)* connaître le monde entier.
2. Il *(vouloir)* parler plusieurs langues.
3. Est-ce que tu *(souhaiter)* devenir écrivain ?
4. Je *(aimer bien)* te revoir, et toi ?
5. Nous *(vouloir bien)* nous marier, et eux, ils *(vouloir)* divorcer !

B/ Et vous, qu'est-ce que vous aimeriez faire ?

3

Mettez le verbe au conditionnel présent *(hypothèse)* :

1. Cette année est une bonne année pour les cerises.
2. Ce meuble vaut très cher. Il date du XVIIe siècle.
3. D'après un expert, c'est l'usine qui pollue la rivière.
4 Nos amis reviennent du Mexique beaucoup plus tôt que prévu.
5. D'après la météo, un typhon arrivera bientôt sur l'île.

4

Mettez le verbe au conditionnel présent *(politesse)* :

1. Je veux parler à M. Lion, s'il vous plaît.
2. Est-ce que vous pouvez m'indiquer le chemin de la gare ?
3. Acceptez-vous de prendre un verre avec moi ?
4. Aurez-vous la gentillesse de m'apporter le courrier ?
5. Je désire avoir un rendez-vous le matin.

5

A/ Mettez le verbe au conditionnel présent *(conseil)* :

1. Vous tombez de sommeil, vous *(faire)* mieux d'aller dormir !
2. Il est tard, il *(valoir)* mieux rentrer tout de suite !
3. Tu as besoin d'argent ! Il *(falloir)* en emprunter. Tu *(devoir)* demander à tes parents.
4. Il *(devoir)* passer plusieurs années à l'étranger, ce *(être)* une bonne expérience.
5. Il *(falloir)* manger un peu moins pour maigrir.

B/ En utilisant les verbes *devoir*, *faire mieux de*, *valoir mieux* au conditionnel, que diriez-vous à quelqu'un qui :

1. boit trop.
2. ne travaille pas assez.
3. passe son temps au téléphone.
4. conduit trop vite.
5. arrive toujours en retard.
6. prend trop de médicaments.

6 **Mettez le premier verbe à l'imparfait ou au passé composé, et le futur au conditionnel présent *(futur dans le passé)* :**

A/ *Vincent dit qu'il ne pourr**a** pas venir.*
→ *Vincent disait (a dit) qu'il ne pourr**ait** pas venir.*

Bruno raconte
1. qu'il ira vivre à Lisbonne.
2. qu'il travaillera dans un restaurant.
3. qu'il sera serveur.
4. qu'il vivra la nuit.
5. qu'il aura une vie plus drôle qu'ici !

B/
1. Ils pensent qu'il faudra deux ans pour construire ce pont.
2. On annonce que ce célèbre pilote ne courra pas au grand prix de Monaco.
3. Il croit qu'un jour suffira pour peindre l'appartement.
4. J'espère qu'on ne s'apercevra pas de mon départ.
5. Nous sommes sûrs que vous apprendrez vite à parler français.

7 **Mettez le verbe au conditionnel passé *(regret)* :** (attention ! Pour former le conditionnel passé, mettez le conditionnel présent de *avoir* ou *être* devant le participe passé).

A/ *J'**aurais voulu** être comédien, je **serais devenu** célèbre, mais j'ai planté des salades toute ma vie !*

1. Il *(aimer mieux)* faire de la musique, mais il a fait des études de médecine.
2. C'est dommage ! Vous *(pouvoir)* gagner ce match de football !
3. Nous *(aller)* nous baigner avec plaisir, mais il a plu.
4. Tu *(préférer)* vivre à la campagne, mais cela n'a pas été possible.
5. Ils *(rester)* volontiers avec nous plus longtemps, mais ils ont dû partir.

B/ Et vous, qu'est-ce que vous auriez voulu ?

8 **Mettez le verbe au conditionnel passé *(hypothèse dans le passé)* :**

*Elle **serait partie**, elle **aurait voyagé** autour du monde et elle **se serait installée** dans une île déserte.*

1. On *(voler)* le diamant le plus gros du monde, et le voleur *(se sauver)*.
2. Il *(se fâcher)*. Son fils *(sortir)* en claquant la porte.
3. Ce livre *(paraître)* il y a cinq ans chez un petit éditeur, et *(se vendre)* bien.
4. Pamela *(se trouver)* seule en face du tigre, son mari *(rester)* caché derrière un arbre !
5. La lire italienne *(baisser)*, la livre anglaise *(reprendre)* de la valeur.

9 Mettez les verbes aux temps indiqués par les exemples *(condition)* :

A/

Si tu m'(oublier), je serai très triste.
→ ***Si** tu m'**oublies**, je **serai** très triste.*

1. Si tu me *(écrire)*, je te répondrai.
2. S'ils *(arriver)* en retard, on ne les laissera pas entrer.
3. Si nous *(se dépêcher)*, nous attraperons notre train.
4. Si vous y pensez, vous m'*(envoyer)* une carte postale.
5. Si j'ai le temps, je te *(téléphoner)*.
6. Si elle me prête de l'argent, je le lui *(rendre)*.

B/

Si tu m'(oublier), je serais très triste.
→ ***Si** tu m'**oubliais**, je **serais** très triste.*

1. S'il y *(avoir)* assez de vent, nous sortirions le bateau.
2. Si nous le *(pouvoir)*, nous resterions au bord de la mer.
3. Où est-ce que vous vous installeriez si vous *(déménager)* ?
4. Si elle dormait mieux la nuit, elle *(ne pas avoir)* sommeil pendant la journée.
5. Je te *(comprendre)* mieux si tu ne criais pas comme ça.
6. Si on connaissait l'avenir, est-ce qu'on *(être)* plus heureux ?

C/

Si tu m'(oublier), j'aurais été très triste.
→ ***Si** tu m'**avais oublié**, j'**aurais été** très triste.*

1. Si vous *(entendre)* votre réveil, vous seriez partis à l'heure.
2. Si je *(ne pas faire)* les courses, tu n'aurais rien eu pour le dîner.
3. Le feu aurait tout brûlé si personne ne *(prévenir)* les pompiers.
4. Je *(ne pas lire)* ce livre si on n'en avait pas beaucoup parlé.
5. Cet enfant *(venir)* dans notre bateau s'il avait su nager.
6. Si elle n'avait pas beaucoup changé, je la *(reconnaître)*.

10 Répondez aux questions selon le modèle suivant :

Qu'est-ce que tu feras si tu rates ton train ?
→ *Si je rate mon train, je prendrai l'avion.*

A/ Qu'est-ce que tu feras ...

1. ... si personne ne t'attend à l'aéroport ?
2. ... si tu ne trouves pas d'appartement ?
3. ... si tes parents ne t'aident plus ?
4. ... si tu n'as plus d'argent ?
5. ... si tu n'aimes plus ton travail ?

B/ Qu'est-ce que Bernard ferait ...

1. **...** s'il gagnait au Loto ?
2. **...** s'il se cassait une jambe ?
3. **...** si on lui offrait un voyage ?
4. **...** si Charlotte ne l'aimait plus ?
5. **...** s'il perdait ses papiers d'identité ?

C/ Qu'est-ce que vous auriez fait ?

1. **...** si quelqu'un vous avait proposé de faire le tour du monde ?
2. **...** si vous aviez été très riche ?
3. **...** si vous vous étiez perdus dans une forêt ?
4. **...** si nous étions partis sans vous attendre ?
5. **...** si vous étiez devenu président de la république ?

11 Mettez les verbes au temps qui convient :

A/ *Ah ! Si je pouvais !*

Je *(prendre)* mon sac à dos, je *(monter)* dans le premier avion et je *(partir)* faire le tour du monde. Je *(rencontrer)* des gens différents, je *(voir)* des paysages nouveaux, je *(dormir)* n'importe où, je *(se nourrir)* simplement, je *(travailler)* de temps en temps, je *(avoir)* toujours du temps, je *(être)* libre !

B/ *Ah ! Si j'avais pu !* J'...

12

A/ Lisez le texte suivant :

Si tu deviens reporter, on t'enverra partout dans le monde. Tu devras t'adapter à toutes les situations, on t'accueillera parfois très mal, il faudra suivre des événements tragiques, mais tu pourras interviewer des gens étonnants, et tu vivras des expériences inoubliables !

B/ Récrivez ce texte en commençant par :

1. *Si tu devenais ...*
2. *Si tu étais devenu ...*

27

Les propositions complétives à l'indicatif et au subjonctif

SOMMAIRE

1 à 3	Verbes suivis de l'indicatif et emploi de la concordance des temps.
4-5	Conjugaison du subjonctif.
6	Verbes suivis du subjonctif. **Emploi.**
7	Verbes suivis de l'indicatif ou du subjonctif.
8	RÉVISION DE L'EMPLOI DU SUBJONCTIF.
9	Infinitif au lieu de subjonctif.
10 à 12	Le subjonctif passé.
13 à 16	RÉVISION.

1

A/ Mettez le deuxième verbe au temps de l'indicatif demandé. (Attention ! le premier verbe est au présent et le deuxième est à des temps différents)

Je pense que ce (être – présent) *facile à comprendre.*
→ *Je pense que* ***c'est*** *facile à comprendre.*

1. Je crois qu'elle *(venir – futur)* plus tard.
2. Je crois qu'elle *(venir – futur proche).*
3. Je crois qu'elle *(se sentir bien – présent).*
4. Je crois qu'elle *(partir – passé proche).*
5. Je crois qu'elle *(faire – imparfait)* souvent des cauchemars.
6. Je crois qu'elle *(rester – passé composé)* chez elle toute la soirée.

B/ Mettez ces mêmes phrases aux temps demandés. (Attention ! le premier verbe est à un temps du passé et le deuxième change selon la règle de la concordance des temps)

Je pensais que ce (être – imparfait) *facile à comprendre.*
→ ***Je pensais*** *que* ***c'était*** *facile à comprendre.*
ou
J'ai pensé que ce (être – imparfait) *facile à comprendre.*
→ ***J'ai pensé*** *que* ***c'était*** *facile à comprendre.*

1. Je croyais qu'elle *(venir – conditionnel présent)* plus tard
ou j'ai cru que **...**

2. Je croyais qu'elle *(aller – imparfait)* venir
ou j'ai cru que ...
3. Je croyais qu'elle *(se sentir bien – imparfait)*
ou j'ai cru que ...
4. Je croyais qu'elle *(venir – imparfait)* de partir
ou j'ai cru que ...
5. Je croyais qu'elle *(faire – imparfait)* souvent des cauchemars
ou j'ai cru que ...
6. Je croyais qu'elle *(rester – plus-que-parfait)* chez elle toute la soirée
ou j'ai cru que ...

C/ Mettez les verbes aux temps indiqués :

1. Futur : Je sais qu'il *(pouvoir)* faire ce travail.
2. Futur proche : Je sais qu'il *(faire)* ce travail.
3. Présent : Je sais qu'il *(être)* capable de faire ce travail.
4. Passé proche : Je sais qu'il *(finir)* son travail.
5. Imparfait : Je sais qu'il *(faire)* toujours bien ce travail.
6. Passé composé : Je sais qu'il *(finir)* son travail.

D/ Dans les 6 phrases précédentes, mettez le verbe *savoir* au passé et modifiez les autres verbes en suivant le modèle des phrases du B/ :

Je savais que ...

2 Modifiez la phrase selon la concordance des temps que vous avez constatée dans le premier exercice :

A/ *J'explique que tout **ira** bien.*
→ *J'ai expliqué* (ou *j'expliquais) que tout **irait** bien.*

1. *(dire) :* Je dis que tu vas réussir dans la vie.
J'ai dit que ...
2. *(on dit) :* On dit que les postes seront en grève.
On a dit que ...
3. *(répondre) :* Je réponds que je ne connais rien à cela.
J'ai répondu que...
4. *(écrire) :* Mon frère m'écrit qu'il va partir à l'armée.
Mon frère m'a écrit que ...
5. *(raconter) :* Elles lui racontent qu'elles ont eu un accident.
Elles lui ont raconté que ...
6. *(croire) :* Vous croyez qu'il va mieux.
Vous avez cru que ...
7. *(penser) :* Nous pensons qu'ils reviendront à dix heures.
Nous pensions que ...

8. *(sentir) :* Tu sens qu'il est heureux.
   Tu sentais que **...**
9. *(trouver) :* Tu trouves qu'il y a de beaux concerts à Londres.
   Tu as trouvé que **...**
10. *(voir) :* Je vois bien qu'il n'est pas content.
    J'ai bien vu que **...**
11. *(être certain) :* Ils sont certains que leurs copains viendront les chercher.
    Ils étaient certains que **...**
12. *(être sûr) :* Elle est sûre qu'il vient de lui mentir.
    Elle était sûre que **...**
13. *(savoir) :* Vous savez que le facteur est déjà passé.
    Vous saviez que **...**
14. *(comprendre) :* Je comprends que c'est trop tard.
    J'ai compris que **...**
15. *(s'apercevoir) :* Tu t'aperçois qu'il ne t'écoute pas.
    Tu t'es aperçu que **...**
16. *(décider) :* Je décide que je n'irai plus travailler.
    J'ai décidé que **...**
17. *(apprendre) :* Vous apprenez que le bébé vient de naître.
    Vous avez appris que **...**
18. *(se souvenir) :* Vous vous souvenez qu'elle vous a donné rendez-vous.
    Vous vous êtes souvenus que **...**
19. *(espérer) :* J'espère que tu as compris.
    J'espérais que **...**
20. *(promettre) :* Elle promet souvent qu'elle nous aidera.
    Elle promettait souvent que **...**

B/ Faites la concordance des temps après ces verbes impersonnels :

1. Il est clair que ta sœur est jalouse. — Il était clair que **...**
2. Il est évident que le printemps sera pluvieux. — Il était évident que **...**
3. Il est vrai que j'ai été heureux avec elle. — Il était vrai que **...**
4. Il est probable que la banque vient de fermer. — Il était probable que **...**
5. Il me semble que vous pourrez comprendre cela. — Il m'a semblé que **...**

3

A/ Terminez ces phrases en utilisant des temps différents :

1. J'oublie toujours que **...**
2. Elle décide que **...**
3. Tu affirmes parfois que **...**
4. Nous découvrons que **...**
5. Il m'écrit que **...**
6. Le professeur explique que **...**
7. J'imagine que **...**
8. Je te promets que **...**
9. Est-ce que tu te rappelles que **...** ?
10. Il paraît que **...**

B/ Même exercice (attention à la concordance des temps !) :

1. Il nous a raconté que ...
2. Nous avons répondu que ...
3. Est-ce que vous saviez que ...
4. Elles m'ont téléphoné que ...
5. J'ai déjà vérifié que ...
6. J'ai appris que ...
7. Tu m'as promis que ...
8. Elles disaient que ...
9. Alain a compris que ...
10. Nous pensions que ...

4 Conjuguez le verbe au présent du subjonctif en utilisant les terminaisons *e, es, e, ions, iez, ent.*

A/ *(parler)* Il faut que je parl**...** français.
que tu parl**...** français.
qu'il parl**...** français.
que nous parl**...** français.
que vous parl**...** français.
qu'ils parl**...** français.

1. *(penser)* Il faut que tu **...** à cela.
2. *(étudier)* Il faut que vous **...** le subjonctif.
3. *(travailler)* Il faut que nous **...** sérieusement.
4. *(avancer)* Il faut que les recherches **...**
5. *(se préparer)* Il faut qu'il **...** à vivre seul.

B/ Formez le subjonctif (attention ! Il faut prendre la base de la 3e personne du pluriel du présent de l'indicatif et ajouter les terminaisons : *e, es, e, ions, iez, ent*) :

(finir) *Ils ... Il faut que je ... ce travail.*
*Ils **finiss**ent. Il faut que je **finiss**e ce travail.*

1. *(réfléchir)* Ils **...** Il faut que tu y **...**
2. *(agir)* Ils **...** Il faut qu'il **...** vite.
3. *(choisir)* Ils **...** Il faut que vous **...**
4. *(réussir)* Ils **...** Il faut que nous **...**
5. *(ralentir)* Ils **...** Il faut qu'elles **...**

C/
1. *(dormir)* Ils **...** Il faut que tu **...** tôt ce soir.
2. *(servir)* Ils **...** Il faut que vous **...** le dîner.
3. *(sortir)* Ils **...** Il faut que je **...** vite.
4. *(partir)* Ils **...** Il faut que nous **...** tout de suite.
5. *(se sentir)* Ils **...** Il faut qu'elles **...** à l'aise.
6. *(ouvrir)* Ils **...** Il faut que j'**...** cette lettre.
7. *(offrir)* Ils **...** Il faut que tu lui **...** des fleurs.
8. *(cueillir)* Ils **...** Il faut que vous **...** ces fruits mûrs.
9. *(lire)* Ils **...** Faut-il que nous **...** ce livre ?

10.	*(dire)*	Ils ...	Il faut que tu nous ... tout.
11.	*(conduire)*	Ils ...	Il faut que vous ... moins vite.
12.	*(plaire)*	Ils ...	Il faut que tu lui ...
13.	*(vivre)*	Ils ...	Il faut qu'ils ... à l'étranger.
14.	*(suivre)*	Ils ...	Il faut que vous ... son exemple.
15.	*(se mettre)*	Ils ...	Il faut qu'elles ... à travailler.
16.	*(connaître)*	Ils ...	Il faudra que tu ... ce garçon.
17.	*(répondre)*	Ils ...	Il faut que tu ... à cette invitation.
18.	*(perdre)*	Ils ...	Il ne faut pas que je ... son adresse.
19.	*(attendre)*	Ils ...	Il faut que nous ... les résultats.
20.	*(repeindre)*	Ils ...	Il faudra que vous ... les volets.

5 Mettez les verbes irréguliers suivants au subjonctif :

A/ *être :* Il faut que je ... actif.
que tu ...
qu'il ...
que nous ...
que vous ...
qu'ils ...

avoir : Il faut que j' ... un but.
que tu ...
qu'il ...
que nous ...
que vous ...
qu'ils ...

B/

1.	*(aller)*	Il faut que j'... chez vous et que nous ... ensemble voir cette exposition.
2.	*(faire)*	Il faut que je ... attention, que vous ... un effort.
3.	*(pouvoir)*	Il faut qu'elle ... tout traduire et que nous ... comprendre.
4.	*(savoir)*	Il faut que tu ... la suite et que nous ... la fin de cette histoire.
5.	*(vouloir)*	Il faut qu'elle ... guérir et que vous ... la sauver.
6.	*(pleuvoir)*	Il ne faut pas qu'il ... trop ce soir.
7.	*(prendre)*	Il faut que je ... des photos et que vous ... un film.
8.	*(croire)*	Il faut absolument que tu le ... et que vous le ... aussi.
9.	*(voir)*	Il faut que je ... la secrétaire et que nous ... ensuite le directeur.
10.	*(recevoir)*	Il faudrait que je ... un fax ou que vous ... une lettre.
11.	*(venir)*	Il faut que tu ... chez moi, que vous ... tous pour faire la fête.
12.	*(tenir)*	Il faut que je ... le chien et que nous ... la porte fermée.

6 Employez le subjonctif présent après les verbes suivants :

A/ 1. **vouloir :**
Je veux que tu le *(comprendre)*.
Je voudrais que tu le *(revoir)*.
Son père veut bien qu'il *(suivre)* ce cours.

2. **demander :** Je demande que tu me *(répondre)* vite.
3. **proposer :** Vous proposez que nous *(aller)* boire un verre.
4. **accepter :** Ta mère accepte mal que tu *(vouloir)* sortir avec moi.
5. **refuser :** Nous refusons que les enfants *(courir)* juste à côté du lac.
6. **interdire :** Le médecin interdit que tu *(fumer)*.
7. **permettre :** La loi ne permet pas que l'on *(boire)* de l'alcool avant dix-huit ans dans un bistrot.
8. **aimer :** Il aime que tu le *(embrasser)*.
   J'aime bien que vous *(venir)* me voir.
   Tu aimes mieux qu'il *(dormir)* tard.
   J'aimerais bien que tu me *(vendre)* ton caméscope.
9. **détester :** Nous détestons qu'ils *(partir)* sans rien dire.
10. **préférer :** Je préfère qu'elle *(se taire)*, mais tu préfères qu'elle *(continuer)* à parler.
11. **souhaiter :** Est-ce que tu souhaites qu'il *(gagner)* ou qu'il *(perdre)* ?
12. **désirer :** Elles désirent que vous *(revenir)* plus tard.
13. **regretter :** Est-ce que tu regrettes qu'elle *(être)* loin ?
14. **attendre :** J'attends qu'il n'*(avoir)* plus peur de moi.
15. **douter :** Je doute qu'il *(pouvoir)* répondre à ma question.

B/ 1. **avoir envie :** Est-ce que vous avez envie que nous *(faire)* une promenade ?
2. **avoir besoin :** Je n'ai pas besoin que vous *(s'occuper)* de mes affaires.
3. **avoir peur :** Il a peur que sa fille *(naître)* trop tôt.
4. **être content :** Vous êtes content qu'il ne *(pleuvoir)* plus.
5. **être furieux :** Elle est furieuse que son fils *(mentir)* à tout le monde.
6. **être surpris :** Je suis vraiment surpris que tu *(se servir)* encore de ta vieille machine à écrire.
7. **être heureux :** Ils sont heureux que la neige *(fondre)* enfin.
8. **être malheureux :** Est-ce que tu es malheureuse que tes fils *(se battre)* tout le temps ?
9. **être désolé :** Nous sommes désolés que vous ne *(lire)* rien.
10. **être touché :** Je suis très touché que vous me *(écrire)* et que vous *(penser)* encore à moi.

C/ 1. **Il faut que** tu *(prendre)* un taxi.
2. **Il est important que** vous *(connaître)* cette femme.
3. **Il est possible que** sa mère ne *(savoir)* rien.
4. **Il est impossible que** tu *(vouloir)* me quitter.
5. **Il est peu probable que** je *(revenir)* te voir.
6. **Il vaut mieux que** nous lui *(rendre)* vite son argent.
7. **Il est préférable que** vous *(rentrer)* tôt.

8. **Il semble qu'**elle *(conduire)* trop vite.
9. **Il est dommage que** le ciel *(être)* gris sans arrêt et qu'il y *(avoir)* des orages.
10. **Il est normal que** tu *(dormir)* beaucoup à ton âge.

7 Répondez aux questions en utilisant l'indicatif ou le subjonctif :

__Es-tu__ certain qu'il __pleuve__ ? → – Oui, je suis certain qu'il __pleut__.
→ – Non, __je ne suis pas__ certain qu'il __pleuve__.

1. Es-tu sûr que Franz vienne ? – Oui, **...** – Non, **...**
2. Trouvez-vous qu'elle fasse des progrès ?
3. Êtes-vous certain qu'il vous croie ?
4. Pensez-vous que les choses puissent s'arranger ?
5. Croyez-vous que ce soit possible ?

8 Complétez les phrases (attention : les deux verbes doivent avoir des sujets différents) :

1. Elle voudrait que **...**
2. Nous attendons que **...**
3. Est-ce que tu acceptes que **...** ?
4. Je ne suis pas sûr que **...**
5. Il faut que **...**
6. Elle est très contente que **...**
7. Il semble que **...**
8. Je préfère que **...**
9. Est-ce que tu as besoin que **...** ?
10. Elle a peur que **...**

9 Formez une seule phrase en mettant le verbe de la deuxième partie à l'infinitif (attention : les deux verbes ont le même sujet) :

A/ *Je marche sur la plage. J'aime bien ... → J'aime bien __marcher__ sur la plage.*

1. Elle dort tard. Elle préfère **...**
2. Je me lève tôt. Je déteste **...**
3. Nous vivons ici. Nous n'aimons pas **...**
4. Vous dites ça. Vous ne pouvez pas **...**
5. Il va se coucher. Il ne veut pas **...**

B/ *Elle doit partir. Elle regrette de ... → Elle regrette de __devoir__ partir.*

1. Vous êtes libres. Vous êtes heureux de **...**
2. Nous payons pour vous. Nous refusons de **...**
3. Tu perds la partie. Tu acceptes de **...**
4. Ils partagent tout. Ils proposent de **...**
5. Je me perds dans cette ville. J'ai peur de **...**

10 **Reliez les deux phrases par *que* et mettez le deuxième verbe au subjonctif passé** (*être* ou *avoir* au subjonctif présent + participe passé) **:**

Il est possible / je me suis trompé. → *Il est possible que je me* ***sois*** *trompé.*

A/
1. Je suis furieux / tu as perdu mon carnet de chèques.
2. Nous sommes étonnés / vous n'avez pas répondu.
3. Je suis ennuyé / il n'a rien compris.
4. Il semble / j'ai fait une bêtise.
5. Je ne trouve pas / ce pianiste a bien joué.

B/
1. Il est dommage / tu *(arriver)* en retard.
2. Tu ne comprends pas / il *(pouvoir)* te mentir.
3. Pedro attend / elles *(finir)* de bavarder au téléphone.
4. Je regrette / vous *(ne pas venir)* hier soir.
5. Nous sommes désolés / vous *(avoir)* des ennuis.

11 **Complétez les phrases en utilisant des subjonctifs passés :**

1. Alice regrette qu'hier **...**
2. Nous n'étions pas sûrs que **...** la semaine dernière.
3. Il est dommage que, pendant les vacances, **...**
4. Elle est très ennuyée que **...** ce matin.
5. Il fallait absolument que **...** avant la nuit.

12 **Mettez le verbe au subjonctif présent ou passé :**

1. Je suis heureux que tu *(gagner)* la course la semaine dernière.
2. Ils aimeraient bien que vous *(se décider)*.
3. Tout le monde souhaite que tu *(se marier)* avec lui.
4. Je suis désolée que vous *(ne pas rester)* chez nous hier.
5. Il n'a pas permis qu'elle *(s'en aller)* à trois heures.

13 **Mettez le verbe au mode et au temps qui conviennent :**

1. Nous pensons que **...**
2. Il demande que **...**
3. Tu trouves souvent que **...**
4. Vous proposez que **...**
5. Elle croit que **...**
6. J'aimerais bien que **...**
7. Vous savez que **...**
8. Dans ce bureau, on permet que **...**
9. Il me semble que **...**
10. Elles souhaitent que **...**

14 **Même exercice :**

1. Est-ce que tu regrettes que ... ?
2. Ils ont dit que ...
3. J'ai répondu que ...
4. Elle est désolée que ...
5. Ils m'ont écrit que ...
6. As-tu envie que ... ?
7. Je lui ai expliqué que ...
8. Avez-vous vraiment peur que ... ?
9. Nous avons appris que ...
10. Il vaut mieux que ...

15 **Trouvez les verbes qui peuvent commencer ces phrases :**

1. ... qu'il soit déjà réveillé.
2. ... que le vol de cet avion soit annulé.
3. ... que tu apprennes à dessiner.
4. ... que vous ayez passé de bonnes vacances.
5. ... qu'il fera beau.
6. ... que cet hôtel soit complet.
7. ... que nous trouverons une autre maison.
8. ... que tu étais devenu si grand.
9. ... que cet arbre soit mort si vite.
10. ... que cet examen n'a pas été trop difficile.

16 **Même exercice :**

1. ... qu'ils trouvent vite une solution.
2. ... que tu la rappelles dans la soirée.
3. ... que sa fille fasse le ménage avec elle.
4. ... que le gouvernement n'augmente pas les impôts.
5. ... que cette lettre est arrivée hier.
6. ... que le ciel soit aussi bleu.
7. ... que le jardin public soit resté ouvert toute la nuit.
8. ... que tu aies pu louer cet appartement.
9. ... que nous pourrons boire une bière fraîche ici.
10. ... que cet homme me regarde avec cet air méchant.

28

L'expression de la cause, du temps, du but, de l'opposition et de la conséquence

SOMMAIRE

1 à 4	**La cause** *(parce que, à cause de, puisque, comme).*
5	**Le temps** *(quand, lorsque, dès que, aussitôt que, depuis que, pendant que, chaque fois que).*
6-7	RÉVISION.
8	L'antériorité.
9	*Avant que, jusqu'à ce que* (+ subjonctif).
10	*Avant de, après* (+ infinitif).
11	RÉVISION.
12	**Le but** *(pour que, pour).*
13	**L'opposition** *(bien que).*
14	**La conséquence** (*si* ou *tellement ... que, tant de* ou *tellement de ... que, tant* ou *tellement ... que*).
15 à 17	RÉVISION.

1

A/ Répondez aux questions en employant la conjonction *parce que* :

Pourquoi est-il heureux ? → Il est heureux ***parce qu'****il est amoureux.*

1. Pourquoi cours-tu ?
2. Pourquoi est-elle triste ?
3. Pourquoi ce film a-t-il du succès ?
4. Pourquoi est-ce que cet enfant refuse de dîner ?
5. Pourquoi êtes-vous en retard ?

B/ Répondez en employant les expressions données avec la préposition *à cause de* :

Pourquoi

1. les avions restent-ils au sol ?	*à cause des cigarettes*
2. tousses-tu ?	*à cause du brouillard*
3. l'ascenseur est-il bloqué ?	*à cause de son travail*
4. y a-t-il un embouteillage ?	*à cause d'une panne*
5. rentre-t-il si tard ?	*à cause d'une manifestation*

C/ Complétez la phrase en employant la conjonction *puisque* ou *comme* :

Puisque ... , je pars. → ***Puisque*** *tu ne veux pas m'écouter, je pars*
Comme *tu ne veux pas m'écouter, je pars.*

1. Puisque **...** , nous n'irons pas au Mexique.
2. Comme **...** , prenons des lunettes de soleil.
3. Comme **...** , j'ouvre la fenêtre.
4. Puisque **...** , laisse-moi tranquille !
5. Puisque **...** , pourrais-tu faire les courses à ma place ?

2

A/ Complétez les phrases :

1. Je ne lui téléphone pas parce que **...**
2. Ils ont les pieds glacés à cause de **...**
3. Pourrais-tu me prêter ton vélo puisque **...**
4. Ce bébé pleure parce que **...**
5. Il n'est pas parti en Afrique à cause de **...**

B/
1. Puisqu'il n'est pas là, **...**
2. Comme tu t'es trompé, **...**
3. Puisque tu ne réponds pas à ma lettre, **...**
4. Comme elle manque de sommeil, **...**
5. Comme vous aimez les fleurs, **...**

C/ Trouvez cinq questions avec *Pourquoi ... ?* et imaginez des réponses avec *parce que*, *puisque*, *comme* ou *à cause de*.

3

Ajoutez à la proposition principale plusieurs propositions subordonnées de cause suivant le modèle :

Je ne sors pas avec Tony ***parce qu'****il ne me plaît pas,* ***que*** *je n'aime pas ses idées* ***et que*** *je préfère son frère.*

1. Ils vont toujours en vacances dans une ferme :
   – ils détestent les plages surpeuplées.
   – ils se sentent mal à la montagne.
   – ils adorent la vie à la campagne.
2. Il ne veut plus vivre avec elle :
   – elle est capricieuse.
   – elle dépense trop d'argent.
   – elle l'oblige à sortir tous les soirs.
3. Ils refusent d'avoir la télévision :
   – ils trouvent les programmes mauvais.
   – ils pensent que les jeux sont stupides.
   – ils préfèrent voir les films au cinéma.

4 Lisez le texte et répondez aux questions :

« C'est l'anniversaire de ma maman et j'ai décidé de lui acheter un cadeau comme toutes les années depuis l'année dernière, parce qu'avant j'étais trop petit.
J'ai pris les sous qu'il y avait dans ma tirelire et il y en avait beaucoup, heureusement, parce que, par hasard, maman m'a donné de l'argent hier. Je savais le cadeau que je ferais à maman : des fleurs pour mettre dans le grand vase bleu du salon, un bouquet terrible, gros comme tout. »

D'après *Le petit Nicolas*, Sempé et Goscinny, Éd Denoël.

1. Pourquoi Nicolas veut-il faire un cadeau à sa mère ?
2. Pourquoi y a-t-il de l'argent dans sa tirelire ?
3. Pourquoi veut-il lui offrir des fleurs ?
4. Pourquoi est-ce la deuxième année qu'il fait cela ?
5. Pourquoi veut-il offrir un bouquet gros comme tout ?

5

A/ Employez la conjonction *quand* ou *lorsque* et construisez une proposition subordonnée de temps :

*(jouer de la musique), il **oublie** tout le reste.*
→ ***Quand** il joue de la musique, il oublie tout le reste.*
→ ***Lorsqu**'il joue de la musique, il oublie tout le reste.*

1. *(être de bonne humeur)*, elle est charmante.
2. *(être de mauvaise humeur)*, tu es odieuse !
3. *(partir en voyage)*, ils emportaient toujours des guides.
4. *(revoir ses parents)*, il leur racontera cet accident.
5. *(arriver)*, nous avons ouvert les fenêtres de la maison.

B/ Utilisez les conjonctions *dès que* ou *aussitôt que* :

*(entrer) dans la pièce, elle **fait** du bruit.*
→ ***Dès qu**'elle entre dans la pièce, elle fait du bruit.*
→ ***Aussitôt qu**'elle entre dans la pièce, elle fait du bruit.*

1. Le film *(se terminer)*, la lumière revient dans la salle.
2. *(Commencer)* ce stage, je gagnerai un peu d'argent.
3. *(Arriver)* à la maison, nous vous téléphonerons.
4. *(Avoir mal aux dents)*, vous prenez rendez-vous chez le dentiste.
5. Le chômage *(augmenter)*, les gens s'inquiètent.

C/ Utilisez la conjonction *depuis que* :

*(neiger) sur le village , le silence **est** total.*
→ ***Depuis qu**'il neige sur le village, le silence est total.*

1. *(faire)* du yoga, vous êtes plus calme.
2. Le soleil *(briller)*, les fraises mûrissent.

3. *(se maquiller)*, tu es beaucoup plus jolie.
4. *(vivre ici)*, elles paraissent plus heureuses.
5. La guerre *(éclater)*, la ville est devenue triste.

D/ Même exercice avec *pendant que* :

*Il **pleuvait** – je (marcher) sur la plage.*
→ *Il pleuvait **pendant que** je marchais sur la plage.*

1. Je *(répondre)* au téléphone – ne faites pas trop de bruit !
2. Il la regarde – elle *(réfléchir)*.
3. Vous *(travailler)* – vous écoutez de la musique.
4. Elle louera notre appartement – nous *(vivre)* au Brésil.
5. Il sonnait parfois à la porte – je *(prendre)* ma douche.

E/ Même exercice avec la conjonction *chaque fois que* :

*Elle (rentrer) tard – son mari **est** jaloux.*
→ ***Chaque fois qu**'elle rentre tard, son mari est jaloux.*

1. Vous *(peindre)* un tableau – vous refusez de le vendre.
2. Il lui offrait un cadeau – il *(revenir)* de voyage.
3. Elle *(prendre)* la parole – elle a dit quelque chose d'intelligent.
4. Denis fait un cauchemar – il *(s'endormir)* seul.
5. Nous vous aiderons – nous le *(pouvoir)*.

6 Complétez les phrases :

1. Je suis allé le voir dès que ...
2. Depuis qu'elle vit ici, ...
3. Pendant qu'il regarde la télévision, ...
4. Quand vous aurez faim, ...
5. Il est arrivé lorsque ...
6. Elle pleure depuis que ...
7. Quand j'étais enfant, ...
8. Lorsqu'il m'a expliqué cela, ...
9. Je ne sais pas quand ...
10. Depuis que vous êtes guéri, ...

7 Même exercice :

1. Chaque fois que tu montes dans un avion, ...
2. Tout le monde applaudit dès que ...
3. Aussitôt qu'on donne le signal, ...
4. Elle bavarde sans arrêt pendant que ...
5. Chaque fois qu'il doit décider quelque chose, ...
6. J'allume le chauffage lorsque ...
7. Aussitôt que le soleil apparaît, ...
8. Dès que l'eau est chaude, ...
9. L'ambiance de la fête a changé depuis que ...
10. Pendant que les souris dansent, ...

8 **Reliez les deux phrases par la conjonction indiquée et accordez le verbe** (attention à l'emploi des temps) :

A/ *Depuis qu'ils (déménager), nous ne nous* ***voyons*** *plus.*
→ ***Depuis qu'ils ont déménagé****, nous ne nous voyons plus.*

1. Depuis qu'elle *(voir)* ce spectacle, elle veut être star.
2. Quand il *(finir)* son travail, il sort pour marcher.
3. Aussitôt que son père *(sortir)*, elle se met à regarder la télévision.
4. Dès qu'ils *(prendre)* leur douche, ils se couchent.
5. Depuis que leurs parents *(partir)*, ils font la fête.

B/ *Il* ***posait*** *une question quand il (comprendre mal).*
→ *Il posait une question* ***quand il avait mal compris****.*

1. Lorsqu'il *(bien dormir)*, le bébé riait toute la journée.
2. Dès que je *(recevoir)* une lettre, je courais la lire dans ma chambre.
3. Chaque fois qu'elle *(apprendre)* une nouvelle leçon, elle la récitait à sa mère.
4. Quand il *(boire)* trop, il ne pouvait pas conduire.
5. Nous faisions la paix quand nous *(se battre)*.

C/ **Mettre le futur antérieur dans la proposition subordonnée** (attention : pour former le futur antérieur, mettez le futur de *avoir* ou *être* devant le participe passé) :
Dès que nous (trouver) un studio, nous ***déménagerons****.*
→ ***Dès que nous aurons trouvé*** *un studio, nous déménagerons.*

1. Quand tu *(lire)* ce journal, tu me le passeras.
2. Aussitôt que vous *(revenir)* du Pérou, je vous inviterai.
3. Lorsqu'elle *(rembourser)* cet argent, elle se sentira mieux.
4. Dès que tu *(terminer)* ce devoir, tu viendras dîner.
5. Quand vous *(remplir)* la piscine, nous nous baignerons.

9

A/ **Reliez les deux phrases en employant la conjonction *avant que*** (attention : les deux sujets sont différents et le verbe doit être au subjonctif) :
Tu rentres chez toi avant qu'il (pleuvoir).
→ *Tu rentres chez toi* ***avant qu'il (ne) pleuve****.*

1. Va acheter ton billet avant que le train (ne) *(partir)*.
2. Décide-toi avant que ce (ne) *(être)* trop tard.
3. Explique-lui le problème avant qu'elle (ne) *(faire)* une bêtise.
4. Nous devons trouver une place avant qu'il (n') y *(avoir)* trop de monde.
5. Le chat disparaîtra avant que la lune (n') *(apparaître)*.

B/ Même exercice avec la conjonction *jusqu'à ce que* :

Je t'expliquerai jusqu'à ce que tu (comprendre).
→ *Je t'expliquerai **jusqu'à ce que tu comprennes**.*

1. Nous attendrons jusqu'à ce que tu nous *(dire)* la vérité.
2. Elle restera assise devant sa porte jusqu'à ce qu'il *(revenir)*.
3. Nous allons étudier le français jusqu'à ce que nous le *(parler)* correctement.
4. Je te répéterai cela jusqu'à ce que tu le *(savoir)*.
5. Je surveillerai cet homme étrange jusqu'à ce qu'il *(s'en aller)*.

10

A/ Reliez les deux phrases par la préposition *avant de* suivie d'un infinitif. (Les deux verbes doivent avoir le même sujet) :

Il a bien réfléchi et il a vendu sa moto.
→ *Il a bien réfléchi **avant de vendre** sa moto.*

1. Tu fermes le gaz et tu pars.
2. Nous dînerons et nous irons au concert.
3. Elle lit un peu et elle éteint la lampe.
4. Ils s'embrassent et ils se quittent.
5. Il a beaucoup hésité et il a agi.

B/ Reliez les deux phrases par la préposition *après* suivie d'un infinitif passé (attention : pour former l'infinitif passé, mettez l'infinitif de *avoir* ou *être* devant le participe passé) :

Il a longtemps fumé, il s'est arrêté enfin.
→ ***Après avoir** longtemps **fumé**, il s'est arrêté enfin.*

1. Tu as bien cherché ton agenda, tu le retrouves dans ta poche.
2. Il a refusé l'invitation, il le regrette.
3. Elles ont couru toute la journée, elles tombent de sommeil.
4. J'ai attendu l'autobus une demi-heure, j'ai pris un taxi.
5. Elle a fait ses valises, elle quitte sa chambre d'hôtel.

11 Complétez les phrases par un verbe :

1. Il est parti après ...
2. Il est parti avant de ...
3. Il est parti avant que ...
4. Il envoie sa lettre après ...
5. Tu prendras ton manteau avant de ...
6. Nous reviendrons avant que ...
7. Ils font la queue jusqu'à ce que ...
8. Explore le pays jusqu'à ce que ...
9. L'avion roule sur la piste avant de ...
10. Ils sont sortis du café après ...

12

A/ Reliez les deux phrases par la conjonction de but *pour que* (attention : le verbe doit être au subjonctif et les sujets des deux verbes sont différents) :

Je lui téléphone. Il me répondra plus vite.
→ *Je lui téléphone* ***pour qu'il me réponde*** *plus vite.*

1. Nous ne faisons pas de bruit, tu peux travailler.
2. Elle t'explique la situation, tu la comprends.
3. Enlevez les meubles. Ils peindront plus facilement les murs.
4. Les danseurs répètent. Le spectacle sera beau.
5. Je la préviens. Elle aura le temps de préparer le repas.

B/ Reliez les deux phrases par la préposition *pour* suivie de l'infinitif (les deux verbes doivent avoir le même sujet) :

Je lui téléphone. J'aurai sa réponse plus vite.
→ *Je lui téléphone* ***pour avoir*** *sa réponse plus vite.*

1. Ils travaillent. Ils gagnent leur vie.
2. Tu fais un effort. Tu ne pleures pas.
3. Elle profite de ses moments libres. Elle suit des cours de peinture.
4. Les scientifiques font des recherches. Ils découvriront un vaccin.
5. On devra se lever tôt. On arrivera à l'heure.

C/ Complétez les phrases par un verbe à l'infinitif ou une proposition subordonnée :

1. Je reviendrai pour **...**
2. Je reviendrai pour que **...**
3. Ils ont loué une voiture pour **...**
4. Nous parlons fort pour que **...**
5. Ils allument la lampe pour **...**
6. Je te téléphonerai pour **...**

13 **Reliez les deux phrases par la conjonction d'opposition *bien que*** (attention : le verbe doit être au subjonctif) :

A/

Elle a mauvais caractère ***mais*** *elle plaît aux hommes.*
→ ***Bien qu'elle ait*** *mauvais caractère, elle plaît aux hommes.*

1. Cette ville est magnifique, mais je ne veux pas y vivre.
2. Tu m'aides, mais ce travail est difficile pour moi.
3. Les fenêtres sont ouvertes, pourtant il fait encore chaud.
4. Il a gagné beaucoup d'argent, pourtant il en voudrait plus.
5. Elle réussit tout, mais elle n'est jamais satisfaite.

B/ Même exercice mais en utilisant un subjonctif passé.

Elle a eu cinq enfants, ***mais*** *elle en voudrait un sixième.*
→ ***Bien qu'elle ait eu*** *cinq enfants, elle en voudrait un sixième.*

1. Je suis allé trois fois voir ce film, mais je voudrais le revoir.
2. Il a vieilli, mais il est encore en pleine forme.
3. Vous êtes né en Argentine, mais vous êtes de nationalité italienne.

4. Fabiola est rentrée à deux heures du matin, mais elle doit se lever à sept heures.
5. J'ai perdu mes clés, pourtant j'ai réussi à rentrer chez moi.

14

A/ Faites une proposition subordonnée de conséquence avec *si* (+ adjectif ou adverbe) *que* ou *tellement* (+ adjectif ou adverbe) *que* :

Cette ville est très grande. Je m'y perds.
→ *Cette ville est* ***si grande que*** *je m'y perds.*
→ *Cette ville est* ***tellement grande que*** *je m'y perds.*

1. Ce film est très violent. J'ai peur en le regardant.
2. Ta chambre est très petite. Je me demande comment tu peux y vivre.
3. Ces bijoux sont très beaux. Nous en achèterons un.
4. Tu parais très heureux. Cela fait plaisir à voir.
5. Ces arbres poussent très vite. Il va falloir les couper.

B/ Même exercice avec *tant de* (+ nom) ... *que* ou *tellement de* (+ nom) ... *que* :

Vous avez beaucoup de problèmes. Vous êtes découragé.
→ *Vous avez* ***tant de problèmes que*** *vous êtes découragé.*
→ *Vous avez* ***tellement de problèmes que*** *vous êtes découragé.*

1. Il y a beaucoup de soleil. Les gens ne sortent qu'à la fin de l'après-midi.
2. J'ai beaucoup de choses à apprendre. Je vais commencer tout de suite.
3. Ils ont beaucoup d'amis. Ils sont invités tous les soirs.
4. Il y a beaucoup de nuages. La mer paraît très sombre.
5. Il tombe beaucoup de neige. La ville devient toute blanche.

C/ Même exercice avec *tant que* ou *tellement que* (+ verbe) :

Elle travaille trop. Elle ne voit plus ses enfants.
→ *Elle travaille* ***tant qu'elle ne voit plus*** *ses enfants.*

1. Ils rient beaucoup. Ils pleurent de rire.
2. Vous voulez beaucoup réussir. Vous y arriverez.
3. Cet enfant crie trop. Il est fatigant.
4. Il pleut beaucoup. Nous ne sortirons pas tout de suite.
5. Tu fumes trop. Tu vas tomber malade.

D/ Même exercice avec *tant* (+ verbe) ... *que* ou *tellement*(+ verbe) ... *que* :

Ils ont beaucoup skié. Ils se sont perdus dans la montagne.
→ *Ils ont* ***tellement*** *skié* ***qu'il se sont perdus*** *dans la montagne.*

1. Elle a beaucoup dansé. Elle a très mal aux pieds.
2. Vous avez beaucoup dormi. Vous semblez reposé.
3. Il a beaucoup couru. Il s'assied par terre.
4. J'ai beaucoup attendu Michael. Je suis furieuse.
5. La température a beaucoup monté. La pollution a augmenté.

15 Complétez les phrases :

1. J'envoie tellement de cartes de voeux que **...**
2. Elle reçoit tellement de lettres que **...**
3. Tu es si gentil que **...**
4. Ce voyage nous a coûté si cher que **...**
5. Cette voiture roule si vite que **...**
6. Elles parlent tellement que **...**
7. Ils boivent tant que **...**
8. Tu as tant de chance que **...**
9. Il fait si chaud que **...**
10. Cet homme est si égoïste que **...**

16 Révision : complétez les phrases.

– Allô ! Bonjour Chris ! C'est Martine !
– Bonjour ! Qu'est-ce qui t'arrive aujourd'hui ?
– Cette fois, c'est plutôt bizarre, écoute ! : ce matin, **...** je prenais mon bain, on a sonné à ma porte.Ça m'a beaucoup étonnée **...** je n'attendais personne. **...** je n'ouvrais pas tout de suite, le visiteur s'est mis à taper **...** fort sur ma porte **...** j'ai eu vraiment peur.
– Tu as toujours peur !
– Tu sais, on raconte **...** histoires en ce moment **...** il vaut mieux faire attention.
– D'accord ! Mais **...** qu'on t'a volé ton portefeuille, tu es vraiment trop méfiante !

17 Même exercice :

... Allan vient en France, il lui arrive quelque chose d'extraordinaire. Voici sa dernière aventure.
Lundi dernier, **...** il est arrivé à l'aéroport de Roissy-Charles de Gaulle, il a téléphoné à ses amis **...** leur annoncer son arrivée. **...** ceux-ci lui aient proposé de venir chez eux, il a préféré aller à l'hôtel.
Il a donc pris un taxi **...** le chauffeur le conduise au quartier latin et là, il s'est baladé **...** il fasse nuit. Il avait **...** marché, il était **...** fatigué **...** il est rentré se coucher immédiatement. **...** il est entré dans sa chambre d'hôtel, il a entendu un sifflement, un grognement, un ronflement : il y avait quelqu'un dans son lit !

29

Le style indirect

SOMMAIRE

1	Style indirect simple.
2	Interrogation indirecte.
3	Concordance des temps.
4	Ordre.
5 à 8	RÉVISION.

1 Mettez ces paroles au style indirect :

A/

« Le temps passe trop vite ! » Que disent les amoureux ?
→ *Les amoureux disent* ***que*** *le temps passe trop vite.*

1. « Ils arrivent demain. » Qu'est-ce qu'il croit ?
2. « Ce magasin n'est jamais ouvert le dimanche. » Que sait-elle ?
3. « Il y a des orages ! » Qu'annoncent-ils ?

B/

« ***J'****ai eu de la chance ! » Elle dit ...*
→ *Elle dit qu'****elle*** *a eu de la chance.*

« ***Tu*** *as eu de la chance ! » Elle me dit ...*
→ *Elle me dit que* ***j'****ai eu de la chance.*

1. « Nous avons pris beaucoup de photos. » Ils racontent **...**
2. « Je ferai du bateau cet été. » Tu espères **...**
3. « Vous aviez raison. » Elle nous dit **...**
4. « Tu as menti ! » Ils lui disent **...**
5. « Tu deviendras célèbre. » Il lui dit **...**
6. « Tu leur parles trop vite. » Il me dit **...**
7. « Nous t'avons déjà expliqué cela. » Ses parents répètent à Noémi **...**

2 Mettez ces questions au style indirect :

A/

Il me demande : « ***Est-ce que*** *tu entends bien ? »*
→ *Il me demande* ***si*** *j'entends bien.*

1. Il demande à sa sœur : « Est-ce que tu emportes un appareil photo ? »
2. Elle me demande : « As-tu tout prévu pour le voyage ? »

3. Ils nous demandent : « Est-ce que vous avez couru le marathon de Paris ? »
4. Il leur demande : « Y aura-t-il un bal après le dîner ? »
5. Elle vous demande : « Êtes-vous abonné à un journal ? »

B/

*« **Où** vas-tu ? **Qui est-ce que** tu vas voir ? » Il lui demande ...*
→ *Il lui demande **où** il (elle) va, **qui** il (elle) va voir.*

Il lui demande :

1. « Comment vas-tu ? »
2. « Quand est-ce que tu reviens ? »
3. « Pourquoi est-ce que tu es parti ? »
4. « Combien de temps restes-tu ? »
5. « Où est-ce que tu iras ensuite ? »
6. « Quelle heure est-il ? »
7. « Quel âge auras-tu en 2010 ? »
8. « Qui est-ce qui est venu ? »
9. « Qui est-ce que tu appelles ? »
10. « Avec qui est-ce que tu parles ? »

C/

*« **Qu'est-ce que** tu fais ? (**Que** fais-tu ?) » Il me demande* **...**
→ *Il me demande **ce que** je fais.*

*« **Qu'est-ce qui** se passe ? (**Que** se passe-t-il ?) Il me demande* **...**
→ *Il me demande **ce qui** se passe.*

Il me demande :

1. « Qu'est-ce que tu dis ? »
2. « Qu'est-ce que tu regardes ? »
3. « Qu'est-ce que tu manges ? »
4. « Qu'est-ce què tu attends ? »
5. « Que penses-tu de l'Europe ? »
6. « Qu'est-ce qui ne va pas ? »
7. « Qu'est-ce qui reste à manger ? »
8. « Qu'est-ce qui t'a choqué ? »
9. « Que se passera-t-il en 2084 ? »
10. « Qu'est-ce qui est arrivé ? »

3 Mettez ces paroles et ces questions au style indirect, en faisant les transformations indiquées (attention, le premier verbe est au passé) :

A/

*« Il fait beau, je vais souvent à la plage. » Elle lui **a écrit*** **...**
→ *Elle lui a écrit qu'il **faisait** beau, qu'elle **allait** souvent à la plage.*

Elle lui a écrit **...**

1. « Le facteur vient de passer. »
2. « Je te remercie de ta lettre et je vais te raconter ce que je fais. »
3. « Je passe de très bonnes vacances mais tu me manques. »
4. « Il n'y a pas trop de touristes, tout le monde s'amuse bien. »
5. « Je pense beaucoup à toi et je t'embrasse. »

B/

*« **Samedi dernier**, **j'ai pris** ma moto pour visiter la région. » Elle lui a raconté ...*
→ *Elle lui a raconté que **le** samedi **précédent**, elle **avait pris** sa moto pour visiter la région.*

Ils ont raconté **...**

1. « Nous avons fait jeudi dernier une excursion en montagne. »
2. « Dimanche dernier, toute notre famille est venue nous voir. »
3. « Ils ont fini les vendanges la semaine dernière. »

4. « Nous avons passé le mois dernier à chercher un appartement. »
5. « On a découvert du pétrole dans le désert l'année dernière. »

C/

*« **Samedi prochain**, ce **sera** le jour le plus long de l'année. » Il a rappelé ...*
→ *Il a rappelé que **le** samedi **suivant**, ce **serait** le jour le plus long de l'année.*

Il a promis **...**

1. « Je le rencontrerai pour la première fois lundi prochain. »
2. « J'essaierai de revenir l'année prochaine. »
3. « Le mois prochain, nous ferons le tour du Mont Blanc à pied. »
4. « Vendredi prochain, il y aura un feu d'artifice. »
5. « On enverra une fusée dans l'espace la semaine prochaine. »

D/

*Il lui a demandé : « Pourquoi n'es-tu pas venu **hier** ? Que fais-tu **aujourd'hui** ? Viendras-tu **demain** ?*
→ *Il lui a demandé pourquoi il n'était pas venu **la veille**, ce qu'il faisait **ce jour-là** et s'il viendrait **le lendemain**.*

Elle lui a demandé **...**

1. « Est-ce que tu m'as attendue longtemps hier ? »
2. « Qui est-ce qui ira à la gare aujourd'hui ? »
3. « Qu'est-ce qui se passera demain ? »
4. « As-tu reçu ma lettre hier ou aujourd'hui ? »
5. « Est-ce que ce magasin va fermer demain ou la semaine prochaine ? »

4 Mettez les impératifs au style indirect en faisant les transformations indiquées :

*« **Conduis** plus lentement ! » Il lui demande ... (Il lui a demandé ...)*
→ *Il lui demande (Il lui a demandé) **de conduire** plus lentement.*

Il lui a demandé **...**

1. « Reviens me voir ! »
2. « Va voir un médecin ! »
3. « Explique-moi le mode d'emploi ! »
4. « Appelle-moi un taxi ! »
5. « Paie pour nous deux ! »
6. « Envoie de tes nouvelles ! »

5 Mettez au style direct ce que son père a dit à Cosette.

« *Ce matin mon père m'a dit* de préparer toutes mes petites affaires et de me tenir prête, qu'il me donnerait son linge pour le mettre dans une malle, qu'il était obligé de faire un voyage, que nous allions partir, qu'il faudrait avoir une grande malle pour moi et une petite pour lui, de préparer tout cela, et que nous irions peut-être en Angleterre. »

Les *Misérables* de Victor Hugo.

6 Mettez ces phrases au style indirect :

1. Le journaliste a demandé à l'actrice : « Pourquoi n'êtes-vous pas venue au Festival de Cannes le mois dernier ? N'êtes-vous pas heureuse d'avoir gagné le prix de la meilleure actrice ? Est-ce que vous jouerez toujours des rôles tragiques ? »
2. La cliente a dit à la vendeuse : « Montrez-moi le tailleur rouge de la vitrine et dites-moi combien il coûte. »
3. Le policier a demandé à la vieille dame : « Qu'est-ce qu'on vous a fait ? Qui est-ce qui vous a pris votre sac ? Pouvez-vous me décrire le voleur ? Quand et dans quel endroit est-ce arrivé ? »
4. Sabine a dit à Hubert : « Je ne peux pas te prêter d'argent aujourd'hui, mais demain, j'irai à la banque. » Elle a ajouté : « J'espère que le chèque que j'attends depuis lundi dernier est arrivé. »

7 Mettez le texte suivant au style direct :

Myriam a écrit à Olivier qu'elle passait de bonnes vacances, qu'il faisait beau, qu'il y avait beaucoup de neige, bref, que tout allait bien là-bas.
Elle lui a raconté qu'elle était partie le samedi précédent, qu'elle était arrivée sous la pluie, mais que, heureusement, la neige s'était mise à tomber très vite.
Elle lui a encore écrit que, la veille, elle avait skié toute la journée et que, ce jour-là, elle avait très mal aux jambes. Mais elle a ajouté que, le lendemain, tout irait mieux et qu'elle recommencerait à skier.
Elle lui a expliqué qu'elle avait l'intention de prendre une piste noire, que cela ne lui faisait pas peur.
Elle lui a enfin annoncé qu'elle arriverait le samedi suivant et lui a demandé s'il pourrait venir la chercher à la gare car elle avait beaucoup de bagages. Elle a terminé sa lettre en disant que ce serait une bonne occasion de se revoir !

8 Mettez au style indirect :

Gérard a fait une scène de jalousie à sa femme hier soir. Il lui a demandé :
« Où as-tu passé ta soirée ? Avec qui étais-tu ? Quel homme t'accompagnait ? Qu'est-ce que vous avez fait ? »
Il a continué en demandant : « Est-ce que tu peux me répondre ? Qu'est-ce que je vais devenir ? Où irai-je ? Que ferai-je ? »
Elle lui a répondu : « Tais-toi ! Fais tes valises et va-t'en ! »

30

La forme passive

SOMMAIRE

1	Forme active et forme passive.
2	Conjugaison du verbe passif.
3	Construction de la forme passive.
4	Cas particuliers : *on*, infinitif complément, futur proche, passé proche.
5-6	RÉVISION.

1 Mettez le verbe à la forme passive et au présent de l'indicatif :

Les hommes chassent le renard et les poules (chasser) *par le renard.*
→ *Les hommes chassent le renard et les poules* ***sont chassées*** *par le renard.*

1. Ma mère prépare les repas, mais chez Fred, les repas *(préparer)* par son père.
2. Le serveur sert les clients mais nous *(ne pas encore servir)*.
3. Cet éditeur publie beaucoup de livres, mais mon livre *(ne pas encore publier)*.
4. Ce mot grossier nous choque, et vous, *(choquer)* par ce mot ?
5. Cette sculpture me fascine et toi, par quoi *(fasciner)*-tu ?

2 Mettez le verbe à la forme passive au temps indiqué :

1. Présent : Le commissaire *(interroger)* par un jeune journaliste.
2. Futur : La collection d'hiver *(présenter)* demain par Jean-Paul Gaultier.
3. Passé composé : Ce roman *(écrire)* par Marguerite Duras.
4. Imparfait : Je *(recevoir)* parfois par ces gens.
5. Plus-que-parfait : Est-ce que tu *(ne jamais inviter)* par tes beaux-parents ?

3

A/ Mettez la phrase à la forme passive en gardant le même temps :

Le mécanicien répare la voiture.
→ *La voiture* ***est réparée par*** *le mécanicien.*

1. Le metteur en scène dirige les acteurs.
2. Les Français éliront le Président de la République.

3. Les discours du député n'intéressaient personne.
4. Nadar a pris ces photographies.
5. Un mauvais avocat l'avait défendu.

B/ Mettez la phrase à la forme active en gardant le même temps :

1. Ce château a été détruit par les révolutionnaires en 1789.
2. Le mannequin est poursuivi par les photographes.
3. Le match de tennis sera regardé par la France entière.
4. Le taxi était conduit par un chauffeur nerveux.
5. La réunion avait été perturbée par un inconnu.

4

A/ Mettez à la forme active :

La vente de cette collection ***est prévue*** *pour samedi.*
→ ***On prévoit*** *la vente de cette collection pour samedi.*

1. Tous les tableaux seront vendus.
2. Les prix ont été fixés.
3. La salle a été réservée.
4. Une publicité importante a été faite.
5. Beaucoup d'antiquaires ont été prévenus.

B/ Mettez le verbe entre parenthèses à la forme passive :

Ce film peut (regarder) *par tous les publics.*
→ *Ce film peut* ***être regardé*** *par tous les publics.*

1. Les hommes aiment *(flatter)*.
2. Les acteurs détestent *(siffler)* par le public.
3. Ils ont besoin d'*(applaudir)* par les spectateurs.

C/ Mettez à la forme passive :

Le directeur va embaucher un secrétaire.
→ *Un secrétaire* ***va être embauché*** *par le directeur.*

1. Le chef du gouvernement va proposer des réformes.
2. Le ministre de la santé va prendre des mesures.
3. La direction va modifier les prix.

D/ Même exercice :

Ce styliste vient de présenter de nouveaux modèles.
→ *De nombreux modèles* ***viennent d'être présentés*** *par ce styliste.*

1. Les policiers viennent d'expulser ces jeunes clandestins.
2. Un terroriste vient d'assassiner un homme politique.
3. On vient de vendre cette maison.

5

Mettez les phrases à la forme active :

1. L'émission vient d'être retransmise en direct.
2. Les syndicalistes ont été reçus par le président directeur général.
3. En France, la peine de mort a été abolie en 1981 par François Mitterrand.
4. La bouteille vient d'être débouchée.
5. Une nouvelle importante va être annoncée.
6. Les contrats seront signés à la fin du mois.
7. La pièce a été interrompue par des spectateurs mécontents.
8. Cette manifestation va sûrement être interdite.
9. Des voyages en Chine sont organisés par cette agence de tourisme.
10. Une vague de chaleur était attendue aux États-Unis.

6

Mettez à la forme passive :

Histoire d'un roman

1. L'auteur écrit un premier texte,
2. puis, change certains mots,
3. ensuite, ajoute des phrases.
4. Sa femme relit le texte.
5. Enfin, l'écrivain envoie le manuscrit à un éditeur.
6. Des lecteurs jugent le roman.
7. L'éditeur et l'auteur signent un contrat.
8. L'attachée de presse présente le livre aux journalistes.
9. Les libraires mettent le livre en vitrine.
10. Et de nombreux lecteurs peuvent alors acheter le roman.

Imprimé en France par Hérissey - N° 79819 - Dépôt légal N° 7999-03/98 - Collection N° 23 - Édition N° 03
15/5056/5